DDR

Landschaften und Städte
zwischen Ostsee und Thüringer Wald

JÜRGENS/BAUM

DDR

Landschaften und Städte zwischen Ostsee und Thüringer Wald

Schutzumschlag: Wolfgang Lauter, München,
unter Verwendung eines Jürgens-Photos mit
Blick von der Wartburg ins Thüringer Land.
Umschlag-Rückseite: 4 Photos von Karl-Heinz Jürgens:
Schloß Moritzburg bei Dresden (oben links), Ruine der
Klosterkirche von Eldena bei Greifswald (oben rechts),
Fischkutter im Eis auf der Halbinsel Darß (unten links),
Zimmer im Museum der Schiller-Gedenkstätte in Jena (unten rechts).

Mit 121 Farbaufnahmen von Karl-Heinz Jürgens,
Ost + Europa Photo, Köln

Das Foto auf Seite 2/3 zeigt den Blick vom Aschberg
auf die Stadt Klingenthal im Vogtland (Thüringen).

ISBN 3-7991-6481-2

Printed im Germany
Satz: Typodata GmbH, München
Druck: Wenschow-Franzis GmbH, München
Bindearbeit: R. Oldenbourg, München

Inhalt

Nachfolgende Doppelseiten:

Die Kreidesteilküste von Stubbenkammer mit dem 122 Meter hohen Königsstuhl ist eine großartige, unter Naturschutz stehende Landschaft auf der Insel Rügen mit ihren langen Sandstränden, Boddengewässern, Feuersteinfeldern und Fischerdörfern.

Hunderte Kilometer entlang der Ostseeküste der DDR erstrecken sich weite, weiße Sandstrände, wie hier beim Ostseebad Ahrenshoop auf der Halbinsel Darß.

Schilflandschaft vor der Insel Usedom, einem Badeparadies mit zehn Badeorten; ihr besonderer Reiz liegt im Wechselspiel von Wind, Wellen und Land.

O S T S E E
HIDDENSEE
ZINGST
DARSS
FISCHLAND
Saßnitz
RÜGEN
Bergen
Garz
Stralsund
Kiel
Lübecker Bucht
POEL
Warnemünde
ROSTOCK
Rostock
Bad Doberan
Grimmen
Greifswald
Wolgast
USEDOM
Seebad Ahlbeck
Wismar
Demmin
Anklam
Stettiner Haff
Lübeck
Güstrow
MECKLENBURG
Ivenack
Ückermünde
Gadebusch
Schwerin
Dobbertin
Stavenhagen
NEU-
BRANDENBURG
Neubrandenburg
Pasewalk
Hamburg
SCHWERIN
Waren
Stettin
Hagenow
Parchim
Plau
Klink
Stuer
Neustrelitz
Prenzlau
Ludwigslust
Wredenhagen
Lübtheen
Lychen
Templin
Elbe
Elde
Wittstock
Pritzwalk
Rheinsberg
Schwedt
Angermünde
Wittenberge
Neuruppin
Joachimsthal
Werbellinsee
SCHORF HEIDE
Niederfinow
Salzwedel
Havelberg
Eberswalde
BRANDENBURG
ALTMARK
Havel
Oranienburg
Oder
SACHSEN-ANHALT
Bernau
Strausberg
Stendal
POTSDAM
Buckow
Schönhausen
Ost
Tangermünde
Berlin
West
FRANKFURT
Jerichow
Brandenburg
Fürstenwalde
MAGDEBURG
Werder
Potsdam
Frankfurt/Oder
Lehnin
Caputh
Bad Saarow-Pieskow
Haldensleben
Braunschweig
Beelitz
Eisenhüttenstadt
Magdeburg
Luckenwalde
Treuenbritzen
Jüterbog
Zerbst
Lübben
SPREEWALD
Peitz
Halberstadt
Lutherstadt Wittenberg
Lübbenau
Wernigerode
Quedlinburg
Dessau
Wörlitz
Cottbus
Brocken
Schierke
Bernburg
Neiße
Elend
Thale
Köthen
Gernrode
Finsterwalde
Stiege
HALLE
Bad Muskau
Mansfeld
COTTBUS
Spree
Saale
Weißwasser
Torgau
Nordhausen
KYFFHÄUSER
Eisleben
Halle
EICHSFELD
Leipzig
Heiligenstadt
Heldrungen
Merseburg
Königsbrück
Bautzen
Görlitz
Werra
Unstrut
OBERLAUSITZ
Mühlhausen
Freyburg
Weißenfels
LEIPZIG
ERFURT
Meißen
Radebeul
DRESDEN
Naumburg
Herrnhut
Bad Langensalza
Bad Kösen
Dresden
Ostritz
Eisenach
Zittau
Wartburg
Gotha
Weimar
Altenburg
Pirna
Königstein
Oybin
Erfurt
Waltershausen
Jena
Gera
SACHSEN
Freiberg
Tabarz
Friedrichroda
Karl-Marx-Stadt (Chemnitz)
Oederan
Bad Salzungen
THÜRINGEN
Arnstadt
GERA
Augustusburg
ELBSANDSTEIN GEBIRGE
Zwickau
KARL-MARX-STADT
SUHL
Suhl
Ilmenau
Saalfeld
Rudolstadt
Greiz
Seiffen
Meiningen
Schwarzburg
Mylau
Schneeberg
Annaberg-Buchholz
Schleusingen
Schleiz
Schwarzenberg
Plauen
Oberwiesenthal
Hildburghausen
Eisfeld
VOGTLAND
Sonneberg
Klingenthal
Bad Elster
Markneukirchen

Auf der Tagesordnung der deutschen Geschichte

oder: Geschichte und Wandel in der DDR von 1945 bis 1990

Die Gründung der DDR 1949 hatte Stalin als »Wendepunkt in der Geschichte Europas« gefeiert. Die Teilung wurde von vielen Menschen außerhalb Deutschlands auch als Strafe für die Deutschen und ihre Geschichte von 1933 bis 1945 angesehen, in Polen genauso wie in Frankreich; in Israel wie in der Sowjetunion, Dänemark, Italien oder den Vereinigten Staaten. Politische Anerkennung blieb der DDR freilich zunächst versagt, sie fand sie nur im Ostblock, der nach den gleichen stalinistischen Strukturen funktionierte wie der zweite deutsche Staat. Einen Makel ihrer Gründung konnte die DDR nie ablegen: die fehlende Legitimität des Staates durch die Bevölkerung in freien Wahlen. Nicht das Volk in Wahlen bestimmte die Geschicke des Staates, sondern mit kräftiger sowjetischer Unterstützung die Sozialistische Einheitspartei (Slogan der fünfziger Jahre: »Die Partei hat immer recht«) mit ihrem Zentralkomitee, dessen starker Mann und von 1950 an ihr Generalsekretär Walter Ulbricht war. Wahlen zur Volkskammer, die der DDR-Staatsratsvorsitzende für sechs Wochen, Egon Krenz (SED), im Januar 1990 als »Zettelfalten« bezeichnete, dokumentierten auf dem Papier die »Demokratie ohne Gegenstimmen«: fast 100 Prozent für die von der SED geführte Einheitsliste.

Vierzig Jahre lang hat die SED, die große Sowjetmacht im Rücken, versucht, das im Grunde künstliche Gebilde DDR zu stabilisieren und zu konsolidieren. Dazu gehörten auch die Verträge mit den Nachbarn im Osten und Südosten, der Volksrepublik Polen und der ČSSR. So wurde zum einen die Oder-Neiße-Grenze zur »unantastbaren Friedens- und Freundschaftsgrenze« erklärt; zum andern bescheinigten sich DDR und die Tschechoslowakei, daß es zwischen ihnen »keine offenen strittigen Fragen« gebe und daß »die Umsiedlung der Deutschen aus der Tschechoslowakei unabänderlich, gerecht und endgültig« sei. Im September 1950 wird die DDR Mitglied im Rat für Gegenseitige Wirtschaftshilfe (RGW), im Westen auch Comecon genannt. Das östliche Gegenstück zum Marschallplan band die DDR-Wirtschaft eng an die Moskauer Vorgaben. Mit dem Berliner Abkommen (1951) über den innerdeutschen Handel blieben Wirtschaftsbeziehungen zwischen Deutschland-West und -Ost bestehen, die nach der Gründung der Europäischen Wirtschaftsgemeinschaft die DDR zum stillen EG-Mitglied machten, ihr im Gegensatz zu anderen Ostblockstaaten Handelsvorteile mit dem Westen verschafften.

Innen- und wirtschaftspolitisch sollte die 2. Parteikonferenz der SED und der erste Fünfjahrplan (Einführung der Planwirtschaft) die Konsolidierung bringen. Die SED, die sich 1949 schon zur »Partei neuen Typs« wandelte, indem sie sich zum »demokratischen Zentralismus« bekannte (zuvor waren schon Sozialdemokraten und Gewerkschafter ausgeschlossen oder verhaftet worden), wandelte nun vollständig auf Stalins Spuren und verkündete 1952 den »Aufbau des Sozialismus«. Die Privatwirtschaft wurde zugunsten der staatlichen eingeschränkt, der Ausbau der Schwerindustrie erhielt absoluten Vorrang. Die bürgerlich-demokratische Verfassung wurde ausgehöhlt, die föderalen Strukturen mit der Aufteilung der fünf Länder Mecklenburg, Brandenburg, Sachsen-Anhalt, Sachsen und Thüringen in 14 Bezirke von Rostock bis Suhl sowie Ost-Berlin wurden beseitigt. Die ersten landwirtschaftlichen Produktionsgenossenschaften (LPG) entstanden. Die Durchsetzung der führenden Rolle der SED und des Prinzips des demokratischen Zentralismus machte die DDR zum bürokratisch-diktatorischen Staat, den über die Jahre hinweg Millionen Menschen verlassen haben.

Stalins Tod im März 1953 verunsicherte die SED, gab aber den Menschen ein Stück Hoffnung. War doch auf allen Parteiversammlungen ein Stuhl leer geblieben »für den genialen Lehrer und Führer«. Nun schwenkte die Partei auf einen »Neuen Kurs« ein und räumte »ernste Fehler« ein, die dazu geführt hätten, daß »zahlreiche Personen die Republik verlassen« hätten; doch die Ende Mai um 10% heraufgesetzten Arbeitsnormen verteidigte die SED (erst 1977 in der »Geschichte der SED. Abriß« wurden sie als »besonders fehlerhaft« und »ungenügend durchdacht« bezeichnet). Weil sich, so die SED-Lesart, »das Verhältnis der Partei zu den werktätigen Massen« gelockert hatte, kam es am 17. Juni 1953 »in Berlin und einigen anderen Städten der DDR zu Arbeitsniederlegungen und Demonstrationen«. Die »Feinde des Sozialismus im Innern der DDR« hätten diese Arbeitsniederlegungen, »operativ angeleitet« durch imperialistische Geheimdienste, zum »konterrevolutionären Putschversuch« genutzt. Sowjetische Panzer sicherten die weitere SED-Herr-

Etwa 14 Kilometer oberhalb der Einmündung der Havel in die Elbe liegt Havelberg, auf dessen steil zur Stadt und Havel abfallendem Domberg der schon vor 1150 begonnene Dom St. Marien und das einstige Klostergebäude der Prämonstratenser (13. Jh.) an der Stelle eines einstmaligen slawischen Heiligtums stehen, das 948 von Kaiser Otto I. zerstört wurde.

schaft über die Menschen zwischen Elbe und Oder. Der Aufstand, im Westen später als »Tag der deutschen Einheit« zum Feiertag erklärt, zeigte freilich, wer das Regime stützte und wie brüchig es im Grunde war.
Die SED versuchte nun, die Lebensbedingungen zu verbessern – mehr Konsumgüter, weniger Bevormundung –, stärkte aber zugleich die stalinistischen Grundstrukturen: der Staatssicherheitsdienst wurde ausgebaut, Arbeiter wurden in sogenannten Kampfgruppen bewaffnet, die Kasernierte Volkspolizei, die 1952 bereits sechs bis sieben Divisionen umfaßte, wurde zur Nationalen Volksarmee umgewandelt, zum »Schutz des Territoriums, der Unabhängigkeit und der Zivilbevölkerung der Republik«.
Es hat in der SED-Führung trotz aller Sicherungen für die Stabilität des Systems immer wieder Kräfte gegeben, die den Kurs nicht mitmachen wollten, von Paul Merker (1952) über Franz Dahlem (1953), Wilhelm Zaisser (Staatssicherheitsminister) und Rudolf Herrnstadt (Chefredakteur »Neues Deutschland«), die Intellektuellen Wolfgang Harich und Walter Janka (1957) bis 1958 zu Karl Schirdewan (SED-ZK-Sekretär für Kaderfragen), Ernst Wollweber (Staatssicherheitsminister) und Fred Oelssner (Chefideologe). Sie wurden als »Revisionisten« aus der Partei verstoßen, oder sie mußten hohe Zuchthausstrafen absitzen (Harich, Janka und andere), Beleg genug für die weiterbestehenden stalinistischen Methoden zur Ausschaltung Andersdenkender.
Dennoch schien sich die DDR mehr und mehr zu konsolidieren. Ulbricht hatte versprochen, »bis 1961 den Pro-Kopf-Verbrauch Westdeutschlands« bei Nahrungsmitteln und Konsumgütern »zu erreichen und zu übertreffen«; die Zahl der Flüchtlinge war 1959 auf 400 am Tag gesunken. Doch das Berlin-Ultimatum Chruschtschows (»Freie Stadt«), die fast totale Umwandlung der Bauernhöfe in landwirtschaftliche Produktionsgenossenschaften sowie auch daraus entstandene Versorgungsmängel steigerten die Flüchtlingszahlen ins Unermeßliche (über 2000 am Tag im Sommer 1961).
In der Nacht vom 12. zum 13. August 1961 riegelte die DDR den Ostteil Berlins ab und baute die Mauer durch Berlin und zog Stacheldraht quer durch Deutschland, als angeblichen »antifaschistischen Schutzwall«. 1989, nach 28 Jahren und 89 Tagen, war der Versuch, die Menschen in der DDR zu zwingen, sich mit dem Leben hinter der Mauer abzufinden, gescheitert. Er hat mindestens 191 Menschen das Leben gekostet.
Der Mauerbau bewirkte zunächst eine wirtschaftliche Stabilisierung, auch wenn damit vor der Geschichte bereits die These von der angeblichen Überlegenheit des Sozialismus zu Grabe getragen war. Der Aufschwung wurde auch bewirkt, weil nun Fachkräfte nicht mehr das Land verlassen konnten, aber vor allem, weil viele die Ärmel aufkrempelten in dem Gefühl, jetzt fange der Sozialismus erst richtig an. Das »Neue Ökonomische System der Planung und Leitung«, das der Wirtschaft mehr Freiraum für Experimente ließ und materielle Anreize schaffte, tat ein übriges. Auch auf kulturellem Gebiet gab es mehr Freiheiten.
Die Niederschlagung des Prager Frühlings 1968 unter Alexander Dubcek (Sozialismus mit menschlichem Antlitz), an der auch DDR-Truppen teilnahmen, ließ freilich wieder viele Menschen an der Reformfähigkeit des kommunistischen Systems in der DDR zweifeln. Sie zogen sich erneut in die Nischen der Gesellschaft zurück. Meinungsverschiedenheiten zwischen Walter Ulbricht und der KPdSU-Führung über die damals einsetzende Entspannungspolitik (seit Anfang Dezember 1969 regierte in Bonn die sozialliberale Koalition unter Willy Brandt und Walter Scheel) führten im Mai 1971 zur Ablösung des damals 78jährigen Ersten Sekretärs der SED »aus Altersgründen«. Ulbrichts Nachfolger wurde der 1912 in Neunkirchen/Saar geborene und im Saarland aufgewachsene Erich Honecker (seit 1976 Generalsekretär), der die Jahre 1935–1945 im Zuchthaus Brandenburg hatte zubringen müssen. Nach 18½ Jahren wurde Honecker 1989 abgelöst, später aus der SED ausgeschlossen und gegen ihn ein Ermittlungsverfahren wegen Hochverrats und verfassungsfeindlichen Zusammenschlusses und persönlicher Bereicherung eingeleitet. Die meisten Mitglieder des inzwischen abgeschafften SED-Politbüros befinden sich heute, im Frühjahr 1990, vorübergehend in Haft oder stehen unter Anklage.
Zu Beginn der Ära Honecker, dem jahrelangen Chef des DDR-Jugendverbandes FDJ, setzte eine Liberalisierung ein. Auch bösartige Witze zogen keine Strafverfolgung mehr nach sich; in der Literatur sollte es keine Tabus mehr geben. DDR-Bürger durften über Westgeld verfügen und die in den Intershops angebotenen DDR-Spitzenprodukte und westliche Konsumartikel erwerben. Im Westen machte das Wort vom »Gulaschkommunismus« die Runde, in der DDR sprach man von der »Hauptaufgabe«, »alles zu tun für das Wohl des Menschen, für das Glück des Volkes, für die Interessen der Arbeiterklasse und aller Werktätigen«. Die Einkommen stiegen, der Wohnungsbau wurde verstärkt, die Fünf-Tage-Woche eingeführt, der Urlaub verlängert. Das Gespräch zwischen der DDR-Staatsführung unter Erich Honecker mit dem Vorstand des DDR-Kirchenbundes mit Bischof Albrecht Schönherr an der Spitze versprach zumindest auf dem Papier das Prinzip der Chancengleichheit für alle Bürger.

Die zwei unterschiedlich hohen Turmhelme der im 13./14. Jahrhundert errichteten gotischen Hallenkirche St. Martini sind charakteristisch für das Stadtbild von Halberstadt, einst eine bedeutende Bischofs- und Hansestadt im nördlichen Harzvorland.

Der innenpolitische Freiraum, der sich zunächst anzubahnen schien, wurde jedoch bald wieder eingeschränkt. Unter dem ehemaligen SED-Sicherheitschef Honecker reagierten die Sicherheitsbehörden zunehmend härter: Der Liedermacher Wolf Biermann wird ausgewiesen (16. 11. 1970); der Regimekritiker Robert Havemann, mit Honecker einst zusammen im Zuchthaus Brandenburg, erhält Hausarrest; der Regimekritiker Rudolf Bahro wird verhaftet, verurteilt (1978) und nach zwei Jahren Haft in die Bundesrepublik abgeschoben. Die Strafgesetze werden verschärft, die Anhänger der unabhängigen Friedensbewegung werden inhaftiert. 1990, nach Honeckers Sturz, wird bekannt, daß die gefürchtete Stasi seit 1985 eine totale flächendeckende Überwachung »Andersdenkender« vorgenommen hat. Trotzdem üben die meist jungen Menschen den aufrechten Gang; ihre Hoffnung ist der KPdSU-Reformer Michail Gorbatschow, nach dem sie rufen, als sie im Juni 1988 am Brandenburger Tor auseinandergetrieben werden. Unter dem Dach der evangelischen Kirche erhalten sie den Freiraum, den ihnen der Staat verweigert. Unabhängige Zeitschriften, auf Matrizen vervielfältigt, erscheinen unter kirchlichem Schutz (»kontext«, »Umweltblätter«, »Ostkreuz« und »Grenzfall«). Die Durchsuchung der Räume der Umweltbibliothek, die den »Grenzfall« treffen sollte, erweist sich als Fehlschlag. Auf eine Verhaftungsaktion gegen Andersdenkende im Januar 1988 antworten kirchliche Gruppen mit Mahnwachen und abendlichen Versammlungen, zu denen Tausende im ganzen Land kommen. Die Bekanntgabe des Ergebnisses zur Kommunalwahl im Mai 1989 mit angeblich 98,85% Ja-Stimmen empört die Bevölkerung, weil nachweislich Zehntausende mit »Nein« gestimmt haben. Damit wird auch gutwilligen Menschen bewußt, daß sich die SED-Führung nicht einmal an die eigenen vorgegebenen Spielregeln hält. Während Zehntausende Menschen den Fluchtweg über die seit Mai offene ungarisch-österreichische Grenze wählen, fordert der DDR-Kirchenbund ein Mehrparteiensystem. Im Herbst bilden sich unabhängige Vereinigungen und Parteien, darunter die Sozialdemokratie. Die Mißachtung des Flüchtlingsstroms durch Honecker und das harte Vorgehen der Sicherheitskräfte gegen friedliche Demonstranten führt zum Sturz Honeckers, der zunächst durch Egon Krenz abgelöst wird. Der Dresdner SED Bezirkschef Hans Modrow übernimmt die Regierung; zugleich beschließt das SED-Zentralkomitee die Öffnung der Mauer. Ein runder Tisch nach polnischem Vorbild soll der Regierung das Überleben bis zu den ersten freien Wahlen sichern.

Außenpolitisch war der DDR in den siebziger Jahren der Durchbruch zur weltweiten Anerkennung gelungen; über 130 Staaten unterhalten diplomatische Beziehungen mit ihr. Nach dem Besuch von Bundeskanzler Helmut Schmidt (1981) ist Erich Honecker im September 1987 auf der Höhe der Macht, als er der Bundesrepublik einen Besuch abstattet; in Bonn wird die DDR-Hymne gespielt, die DDR-Fahne hochgezogen. Doch der Versuch Honeckers, die sowjetische Entwicklung unter Michail Gorbatschow zu »Glasnost« und »Perestroika« nicht auf die DDR einwirken zu lassen, bringt ihn immer mehr in innenpolitische Bedrängnis.

Wohl nur wenige ahnten die Folgen für die DDR, als sich im Mai 1989 die ungarische Regierung entschloß, den Stacheldraht an der Grenze zu Österreich zu beseitigen. Erst nutzten einige, zumeist jüngere Urlauber aus dem zweiten deutschen Staat, die die Reisegenehmigung in den Donaustaat nach viermonatiger Wartezeit erhalten hatten, die offene Grenze, um in den deutschen Westen zu gelangen; als im Juli die Urlaubszeit anbrach, wurden es immer mehr. Zugleich suchten Hunderte in den Botschaften der Bundesrepublik Deutschland in Budapest, Warschau und Prag sowie in der Ständigen Bonner Vertretung in Ost-Berlin Zuflucht, um auf diese Weise die Ausreisepapiere zu erhalten. Mit dem Ruf »Wir wollen raus!« zogen Anfang September Tausende Ausreisewillige durch Leipzigs Straßen. Bei den folgenden Leipziger Demonstrationen wurde dieser Ruf durch einen anderen übertönt: »Wir bleiben hier!« – ein Signal, daß die meisten hofften, mit Veränderungen nach sowjetischem Vorbild einen Wandel in der DDR zu bewirken.

Die überalterte SED-Führung (Durchschnittsalter der Mitglieder des Politbüros, des eigentlichen Führungszirkels damals: 68 Jahre) reagierte mit Repressalien des Sicherheitsapparates und mit Beschimpfungen derer, die das Land verlassen hatten. Auch der Ausspruch des KPdSU-Generalsekretärs Michail Gorbatschow in Ost-Berlin »Wer zu spät kommt, den bestraft das Leben« löste den Sinneswandel in der SED-Führung aus. Zuerst jedoch wurde der visafreie Reiseverkehr in die ČSSR aufgehoben, die Grenze zum polnischen Nachbarstaat strenger bewacht, Demonstranten während der Feiern zum 40. Jahrestag der DDR-Gründung zusammengeknüppelt – im Namen des Volkes.

Doch mit den Ruf »Wir sind das Volk!«, zuerst von Zehntausenden Demonstranten in Leipzig skandiert, dann von Hunderttausenden allüberall im Land, war der Weg für den für unvorstellbar gehaltenen Wandel vorgezeichnet. Am 18. Oktober mußte der 77jährige Erich Honecker, SED-Generalsekretär seit 1971, seinen Hut nehmen; der 52jährige Egon Krenz wurde sein Nachfolger. Fünf Wochen später hatte Krenz seine Ämter

Venus-Figur (Kopie nach Originalen von Jean-Baptiste Pigalle) an der Flanke der großen Freitreppe zum Sommerschloß Sanssouci Friedrichs II. von Preußen, zwischen 1745 und 1747 nach Skizzen des Königs von Georg Wenzeslaus von Knobelsdorff erbaut.

Die Schrammsteine in der romantischen Sächsischen Schweiz mit ihren Tafelbergen, Tälerschluchten und steilen Felstürmen.

Nachfolgende Doppelseiten:

Blick auf die Domburg über dem Saalehochufer in der alten Bischofsstadt Merseburg, im 17. und 18. Jahrhundert Residenzstadt der Herzöge von Sachsen-Merseburg, die trotz Zerstörungen im Zweiten Weltkrieg ihren malerischen Charakter bewahrt hat.

Blick über Großen und Kleinen Steinschleuder im Erzgebirge, dem etwa 140 Kilometer langen und 30 bis 40 Kilometer breiten Mittelgebirge an der Grenze der DDR zur Tschechoslowakei (Böhmen).

Blick auf die große Schleife der Saale bei der Kreisstadt Lobenstein im Thüringer Schiefergebirge.

wieder verloren. Sein Nachfolger im Parteivorsitz wurde der 42jährige Rechtsanwalt Gregor Gysi.
Am 9. November wurden die Grenzen für DDR-Bürger geöffnet, 28 Jahre und drei Monate nach dem Bau der Mauer, die von den Menschen im anderen deutschen Staat trotz aller gegenteiligen Beteuerungen der Führung stets als Zeichen eines Kerkers empfunden wurde. Noch in der Nacht tanzten Berliner (Ost und West) auf der Mauer; schon tags darauf brach in Städten nahe der DDR-Grenze der Verkehr fast vollständig zusammen. Die Menschen in der DDR schauten sich den Westen an. Ein paar Tage später verlor die SED ihren in der Verfassung festgeschriebenen Führungsanspruch; er wurde ersatzlos gestrichen. Seit dem 22. Dezember ist die symbolträchtigste Stelle an der Berliner Mauer, das Brandenburger Tor, wieder für alle passierbar; seit Heiligabend 1989 können Deutsche aus dem Westen ihre Verwandten und Freunde ohne vorherige umständliche Einladungsprozedur, ohne Visum und Pflichtumtausch, besuchen, so lange sie wollen.
Die DDR befindet sich auf dem Wege zu einem am 18. März 1990 frei und geheim zu wählenden Parlament aus Parteien und Bürgerbewegungen. Schon in der Übergangszeit vor den Wahlen hatten die in einer Einheitsliste bestimmten Abgeordneten mit einer angeblichen Zustimmung von 99,94 Prozent der Volkskammer den Charakter einer bloßen Zustimmungsmaschinerie genommen. Die DDR-Medien, die bis zur Ablösung Honeckers selbst Kommentare im gleichen Wortlaut, nur mit anderen Verfassern, veröffentlicht hatten, nutzten die neugewonnene Freiheit und deckten Fälle von Amtsmißbrauch, Korruption und persönlicher Bereicherung auf.
So wurde aus der DDR mit ihren über 16 Millionen Einwohnern fast über Nacht ein anderer Staat – ohne Blutvergießen wie in Rumänien. Noch im Sommer hatte einer der Vordenker der SED, der damalige Rektor der Akademie für Gesellschaftswissenschaften, Otto Reinhold, eine Entwicklung in der DDR hin in Richtung auf den »Kapitalismus«, also auf westliche Lebensverhältnisse, für unmöglich erklärt, weil damit die Existenzberechtigung des anderen deutschen Staates in Frage gestellt sei. Nur hatte er übersehen, daß der ständige Exodus der Menschen in Richtung Bundesrepublik – im Jahr 1989 gingen über 300000 weg – erst recht die Existenzfähigkeit der DDR fraglich erscheinen ließ.
Nach der Öffnung der Grenzen sorgten die Demonstranten in Leipzig, die sich weiterhin jeden Montag versammelten, auch zu Beginn des Jahres 1990, ebenso wie die, die weiterhin die DDR verließen, dafür, daß das Thema »Deutsche Einheit« auf die Tagesordnung der Geschichte kam.
Die DDR hatte zwar eine neue Regierung, der Dresdner SED-Bezirkschef Hans Modrow führte ein Kabinett aller Parteien in der Volkskammer an. Damit der Regierung wenigstens ein Stück Legitimität zukam, bildete sich in Berlin ein »Runder Tisch«, der von den Vertretern der christlichen Kirchen moderiert wurde, die sich in der Vergangenheit so vehement für eine Demokratisierung eingesetzt hatten, und dem verschiedene Oppositionsgruppen angehörten, darunter die im September gebildete Bürgerrechtsbewegungen »Neues Forum« und »Demokratie jetzt«, die Initiative Frieden und Menschenrechte, die älteste der DDR-Bürgerbewegungen, deren Aktivität bereits im November 1987 die Durchsuchung der Ost-Berliner Umweltbibliothek galt. Am Runden Tisch sitzen auch Vertreter der SPD, die sich am 40. Jahrestag der DDR-Gründung, am 7. Oktober 1989, im Pfarrhaus des kleinen Ortes Schwante im Nordwesten Berlins gegründet hatte und die schnell zu einer großen Oppositionspartei wurde – vor allem auch, weil sie die uneingeschränkte Unterstützung der westdeutschen SPD erhielt und weil sie wegen der Zwangsvereinigung von KPD und SPD 1946 als Opfer der SED viel Glaubwürdigkeit einbringt. Schwieriger mit der Partnersuche hatten es da die Bonner Regierungsparteien CDU und FDP.
Die CDU in Bonn hatte nie direkte Kontakte mit der DDR-CDU unterhalten, war diese doch allzusehr an die SED geschmiedet. Doch mit dem Wechsel im Vorstand zum Vize-Präses der Synode des Bundes der Evangelischen Kirchen in der DDR, Lothar de Maziere, sagte sich die DDR-CDU von ihren alten Bindungen los und fühlte sich als Schwesterpartei. Zugleich hatte sich in der DDR eine neue Partei »Demokratischer Aufbruch« (DA) gebildet, die sich gleichfalls als Schwesterpartei der Bonner Union versteht. Zum dritten war in Leipzig eine DSU entstanden, die von der CSU in München als Schwesterpartei anerkannt worden war. Es kostete den CDU-Vorsitzenden Bundeskanzler Helmut Kohl erhebliche Mühe, die drei Parteien zu einem Wahlbündnis »Allianz für Deutschland« zusammenzufassen.
Neben den Liberaldemokraten, die – obwohl Blockpartei – schon im Sommer versucht hatten, eigene Wege zu gehen, hatte sich in der DDR eine FDP gebildet. Auch diese beiden Parteien fanden mit Unterstützung und Nachhilfe der Bonner FDP zu einer Allianz zusammen. Der gebürtige Hallenser und ehemalige FDP-Vorsitzende, Bundesaußenminister Hans-Dietrich Genscher, ist ohnehin in der DDR sehr populär.
Ende Januar traten Vertreter der Oppositionsgruppen am Runden Tisch der Regierung Modrow als Minister ohne Geschäftsbereich bei, die sich fortan »Regierung der nationalen Verantwortung« nannte. Damit wurde Modrow gestützt,

dessen eigene Partei, die Partei des Demokratischen Sozialismus (PDS), zu der sich die einstmals so mächtige SED umbenannt hatte, um ihre Abkehr von stalinistischen Methoden zu dokumentieren, immer mehr Mitglieder verlor und Mitte März nur noch 600000 Mitglieder hatte gegenüber 2,3 Millionen ein halbes Jahr zuvor.
Der 9. November hatte vor aller Welt deutlich gemacht, daß die Abgrenzungsideologie der SED, ihre Beteuerung, die deutsche Frage sei nicht mehr offen, auf deutschen Boden hätten sich zwei Nationen gebildet, eine kapitalistische in der Bundesrepublik und eine sozialistische in der DDR, zur Makulatur der Geschichte gehört. Schon 1979 hatte der zwei Jahre zuvor in die Bundesrepublik übergesiedelte Schauspieler Manfred Krug damals, von manchen belächelt, zur Frage des Auseinanderlebens der Deutschen zu Protokoll gegeben: Wenn man die 17 Millionen Menschen in der DDR in einen Sack packe, und genau soviel Menschen aus der Bundesrepublik in einen anderen Sack und leerte dann die Säcke in den jeweils anderen Staat, dann hätten alle, die Menschen wie die Systeme, »ungefähr vier Wochen Anpassungsschwierigkeiten« – dann laufe alles wie bisher weiter. Manches, was dem westdeutschen Besucher in der DDR auf den ersten Blick als »typisch kommunistisch« erschien, stellte sich bei näherem Hinsehen als »typisch deutsch« – nur entsprechend ideologisch verbrämt – heraus. Gerade weil sie bei Begegnungen mit den Menschen im anderen deutschen Staat spürten, daß sie sich unter den damals vorgegebenen Umständen womöglich genauso verhalten hätten, haben westdeutsche Besucher oft alles entrüstet oder hochnäsig zurückgewiesen.
»Was zusammengehört, das wird zusammenwachsen«, sagte Willy Brandt am Tag nach der Öffnung der Grenzen, der frühere Kanzler der Bundesrepublik (1969–1974), dessen sozialliberale Regierung mit der Politik der Ost-Verträge – besonders dem Grundlagenvertrag – eine der Voraussetzungen für den Wandel in der DDR geschaffen hat. »Es wird zusammenwachsen, es darf nicht zusammenwuchern«, fügte wenige Tage später Bundespräsident Richard von Weizsäcker im DDR-Fernsehen hinzu.
Die Einheit steht nicht mehr in Frage, zu Beginn des Jahres 1990 scheint es nur noch um das Wie zu gehen. KPdSU-Generalsekretär und UdSSR-Staatspräsident Michail Gorbatschow hat öffentlich und in getrennten Gesprächen mit DDR-Regierungschef Hans Modrow sowie Bundeskanzler Helmut Kohl und Außenminister Hans-Dietrich Genscher dem Einigungsprozeß seine Zustimmung gegeben, freilich im Rahmen einer kontrollierten Entwicklung durch die Alliierten Siegermächte, die ihre Verantwortung für Deutschland als Ganzes nie aufgegeben haben. Noch 1990 soll eine Konferenz der beiden deutschen Staaten und der Großen Vier über die Frage der deutschen Einheit stattfinden. Mit dem Angebot einer Währungs- und Wirtschaftsunion, das Bundeskanzler Helmut Kohl der DDR-Regierungsdelegation unter Hans Modrow in Bonn Mitte Februar machte, könnte die Einheit im wirtschaftlichen noch vor der politischen Einheit kommen. Gerade das Gefühl der meisten DDR-Bürger, eigentlich anstelle der anderen Deutschen stehen zu können, wenn es der Zufall, das Schicksal, nicht anders gewollt hätte, wenn die Teilung aus irgendeinem Grunde anders verlaufen wäre, hat den Einigungsprozeß so unglaublich beschleunigt.

Die fünf Länder in der DDR wurden, wie erwähnt, 1952 aufgelöst, 1990 entstehen sie wieder neu: Mecklenburg, Brandenburg, Sachsen-Anhalt, Sachsen und Thüringen. Sie waren freilich erst 1945 gebildet worden: zu Mecklenburg wurde Vorpommern zugeschlagen, der Teil Pommerns, der westlich der Oder lag und nun zur Sowjetischen Besatzungszone gehörte. Aus den preußischen Provinzen Brandenburg, Sachsen und Anhalt wurden die Länder Brandenburg und Sachsen-Anhalt. Zum früheren Land Sachsen wurde der westlich der Oder gelegene Teil Schlesiens um Görlitz geschlagen. Auch früher hannoversche Gebietsteile (nördlich der Elbe) und braunschweigische Gebiete gehören heute zur DDR.
Im Jahr 1952 wurden aus den fünf Ländern 14 Bezirke: Rostock, Schwerin, Neubrandenburg, Magdeburg, Portsdam, Frankfurt/Oder, Halle, Cottbus, Erfurt, Leipzig, Dresden, Suhl, Gera, Karl-Marx-Stadt (das frühere Chemnitz). Als fünfzehnter Bezirk kam dann noch Ost-Berlin hinzu, das offiziell die Bezeichnung Berlin – Hauptstadt der DDR führt.
Die alten Landesbezeichnungen waren zunächst ganz tabu; dann wurden sie wieder gelegentlich genannt, etwa im DDR-Wetterbericht. Nicht zum offiziellen Sprachgebrauch gehörten bis zum Beginn der achtziger Jahre die Landesnamen Pommern und Schlesien, so mußten sich die evangelischen Kirchen von (Rest-)Pommern und (Rest-)Schlesien Kirche für das Kirchengebiet Greifswald und Görlitz nennen. In Berlin, das im Zentrum der DDR liegt, hatte man freilich eine einfache Unterscheidung getroffen: In Berlin wohnen die Berliner, nördlich davon die »Fischköppe«, im Süden die »Sachsen«.

Das Büchnersche Hinterhaus, ein eindrucksvolles Beispiel von vielen sehenswerten alten Fachwerk- und Werksteinhäusern aus dem 16. bis 18. Jahrhundert in der ehemaligen herzoglichen Residenzstadt Meiningen in Thüringen.

Ein jegliches Haus
wird von Jemand bereitet
Der aber Alles bereitet
Das

Gaststätte „An der Waterkant"

Mecklenburg

ein deutsches »Freilichtmuseum«

Der erste Kanzler des Reiches von 1871, Otto von Bismarck, hat einmal gesagt, wenn die Welt untergehe, dann gehe sie in Mecklenburg hundert Jahre später unter. Fritz Reuter, der norddeutsche Mundartdichter, geboren in Stavenhagen, schrieb, Paragraph 1 der mecklenburgischen Landesverfassung laute »Allens bliwwt bi'n Ollen« (»Alles bleibt beim Alten«). Wie um die Richtigkeit dieser Worte zu beweisen, hielten sich die »Fischköppe«, wie die Berliner und Sachsen die Norddeutschen in der DDR nennen, bei der friedlichen Revolution des Jahres 1989 zurück; die Großdemonstrationen fanden in Leipzig, Dresden und in Berlin statt.

Das brachte die »Südländer« in der DDR so auf, daß im Oktober 1989 Autofahrer mit den Kennzeichen aus den Bezirken Rostock, Schwerin und Neubrandenburg an manchen Tankstellen in Sachsen erst bedient wurden, nachdem sie versprochen hatten, auch in der Heimat im Norden Demonstrationen zu organisieren. Mit einer Zeitverzögerung von drei Wochen machten dann auch die Mecklenburger und Pommern »Revolution«.

Ein »Freilichtmuseum« nennt der Schriftsteller Fritz Rudolf Fries den Norden der DDR und spielt dabei auf die besonderen Schönheiten wie die Backsteingotik in den einstigen Hansestädten Wismar, Rostock, Stralsund und Greifswald (»das wendische Kontor der Hanse«) ebenso an wie auf die Inseljuwele Rügen, Hiddensee und Usedom oder die Mecklenburgische Seenplatte von Schwerin bis Neustrelitz.

»Es ist vor alten Zeiten ein Theil des Königreichs der Wenden gewesen und erstreckt sich längst dem Mare Balthico, oder dem Balthischen Meer, gränzet gegen Orient mit Pommern, gegen Occident beschleust es die Elbe, gegen Mittag liegt es an der Marck Brandenburg und gegen Mitternacht am Balthischen Meer. Die ersten Inwohner dieses Landes werden in der Historien Herili, Obotritae und mit einem Namen Vandali oder Wenden genennet. Das Land ist mit schönen wohlbebauten und volckreichen Städten gezieret.« So werden Anfang des 17. Jahrhunderts auf der in Amsterdam gedruckten »Lauremberg'schen Karte« die Grenzen Mecklenburgs beschrieben. Zu den »schönen wohlbebauten und volckreichen Städten« gehört gewiß Schwerin, jahrhundertelang die Residenz derer zu Mecklenburg und die Hauptstadt dieses Nordlandes. Gegründet wurde sie 1160 vom Welfenherzog Heinrich dem Löwen, die älteste deutsche Stadtgründung östlich der Elbe, gelegen zwischen Seen und Sümpfen. Sieben Jahre später errichtete Heinrich der Löwe das Bistum Schwerin.

Mittelalterliche Bauten sucht der Besucher in Schwerin freilich fast vergebens. Im Dreißigjährigen Krieg (1618–1648) schwer in Mitleidenschaft gezogen und nach drei Stadtbränden 1531, 1550 und 1651 überlebte nur der Dom, dessen Grundstein 1171 gelegt worden war. Der jetzige Bau stammt aus dem 14. Jahrhundert, ist 105 Meter lang, das Gewölbe 29,5 Meter hoch; vor allem der gotische Kreuzaltar (um 1440) lohnt einen Besuch. Der 117 Meter hohe Turm wurde erst 1889/92 errichtet.

Das älteste Haus Schwerins steht am Domhof mit der niederdeutschen Inschrift im Fachwerk: »O Herr erbarme di unser unde wes uns gnedich. Anno 1574«. Es ist zwischen dem zweiten und dritten Stadtbrand entstanden.

Auf einer Insel im Schweriner See steht das Stadtschloß. Ein »echtes Kind der Romantik« nennt es der Stadtführer angesichts des »Stilwirrwarrs« des historisierenden Eklektizismus; von 1845 bis 1857 wurde das Schloß umgebaut, dessen älteste Teile »Großes Neues Haus« und das »Bischofshaus« aus dem 16. Jahrhundert stammen. Bei besonderen Ereignissen in Mecklenburg soll sich das »Petermännchen«, nach der Sage ein verwunschener Prinz, im Schloß zeigen.

Mecklenburg, das »Land der Schlösser und Katen« hatte aus Sicht der vierzig Jahre in der DDR herrschenden SED zuwenig Industrie und damit zuwenig Industriearbeiter, es fehlte also nach Meinung der Partei an der »Arbeiterklasse«. So wurde eine Stärkung der Land- und Nahrungsgüterwirtschaft und der Ausbau der Industrie gerade in Mecklenburg beschlossen. Als Folge hat sich die Zahl der Industriearbeiter in Schwerin verdreifacht. In der Stadt werden Decksmaschinen für die Werften gebaut, Kabel, Kunststoffprodukte wie Eimer, Wannen und Teller, Lederwaren, Waschmittel. So hat Schwerin auch an Einwohnern zugenommen. Allein zwischen 1970 und heute wanderten 30000 Menschen zu; heute leben 130000 Einwohner in der Stadt mit den Seen.

Besonders hervorzuheben ist das Mecklenburgische Landestheater, das der Intendant Christoph Schroth zu einem besonderen Anziehungspunkt

Zwei Fischer vor ihrer Dorfkneipe in dem kleinen Ort Freest an der Ostseeküste Mecklenburgs.

gemacht hat; etwa mit Stücken sowjetischer Dramatiker, die früh das vorwegnahmen, was heute »Perestroika« heißt und was in Ost-Berlin nicht so sehr gelitten war, in der fernen Provinz aber geduldet wurde. In der »Norddeutschen Zeitung« hieß es unlängst, vor dem Theater stünden die Leute »Schlange wie nach Gurken im Mai.«

Wenn auch die historischen Sehenswürdigkeiten in Schwerin dünn gesät sind, die Stadt ist Ausgangspunkt für viele Fahrten durch die Mecklenburgische Seenplatte. Beginnen kann man da beim Pfaffenteich, dem kleinen See, um den sich ein Teil der Schweriner Innenstadt schmiegt (Fährüberfahrt). Der Schweriner See an der Ostseite der Innenstadt ist mit 649 qkm der zweitgrößte See in der DDR. Die tausend Seen in dem dünnbesiedelten Landstrich bieten immer wieder neue Überraschungen, ob in Schwerin oder Neubrandenburg (Tollense-See), ob an den Sternburger Seen, den Krakower Seen, dem Kummerower See oder dem Malchiner See, ob an der Müritz mit ihrem großangelegten Naturschutzgebiet, dem Plauer See, dem Mirower See, den Neustrelitzer Kleinseen, dem von Fontane beschriebenen Stechlin, den Seen bei Templin und Lychen, den Rheinsberger Seen oder dem besonders tiefen und herrlich gelegenen Werbellinsee, oder an den dazwischenliegenden Bergrücken oder Hügeln bei Teterow oder Neuruppin, die freilich gleich Mecklenburger oder Neuruppiner Schweiz genannt werden. Über 40 Gebiete sind als Naturschutz-, 74 als Landschaftsschutzgebiete ausgewiesen. Am Ostufer der Müritz befindet sich ein großes Vogelreservat, Kraniche, Seeadler, Fischadler, Wanderfalken sind dort heimisch. In Naturschutzgebieten dürfen weder Pflanzen beschädigt noch Teile von ihnen entnommen, Tiere nicht beunruhigt(!) werden; auch darf man die Wege nicht verlassen. In der Seenplatte gibt es Hunderte von Bademöglichkeiten und herrliche Wassersportrouten, die die Schönheit der Landschaft Mecklenburgs so recht erschließen: allein die Strecke Kummerower See-Peene-Mündung ist einhundert Kilometer lang; die obere Havelfahrt über mehrere Seen 56 Kilometer. Die Schiffe der »Weißen Flotte«, bisher in staatlicher Regie, sind in der Regel ausgebucht, da von Urlaubern wochenlang vorbestellt; Mitfahrmöglichkeiten meist nur bei schlechtem Wetter. Empfehlenswert sind Ruderboot- und Tretbootverleihstationen, die freilich oft erst am Nachmittag geöffnet sind.

Zwischen Schwerin und Wismar liegt Dorf Mecklenburg, wo bereits der Obotritenfürst Niklot eine Burg unterhalten haben soll und das dem ganzen Landstrich seinen Namen gab.

Die Hafenstadt Wismar, 1229 erstmals urkundlich als Stadt erwähnt, haben Einwanderer aus dem 60 Kilometer entfernten Lübeck planmäßig angelegt; so gilt Wismar als Tochter der hundert Jahre älteren Hansestadt Lübeck. Die Reichsfreiheit Lübecks hat Wismar zwar immer angestrebt, aber nie erreicht. In der Epoche der Hanse, zwischen dem 13. und 15. Jahrhundert, war die Blütezeit Wismars; damals entstanden die vier Stadtkirchen St. Nikolai, Marien, Heiliggeist und St. Georgen, mächtige Zeugnisse norddeutscher Backsteingotik – freilich, nur die Nikolaikirche und die Heiliggeistkirche überlebten die Bombenangriffe auf die Stadt in der Nacht vom 14. auf den 15. April 1945 unbeschädigt; von der Marienkirche steht nur noch der Turm, von der Georgenkirche Turm und Teile des Kirchenschiffs. Zahlreiche historische Baudenkmäler (so das spätgotische Backstein-Giebelhaus Altwismarstraße 19, Haus Waedekin, die Alte Schule, der Gefangenenturm der mittelalterlichen Stadtbefestigung, Schulen, Krankenhäuser, Hafenanlagen) fielen den insgesamt 12 Bombenangriffen auf Wismar zum Opfer. Der »Alte Schwede«, Wismars bekanntestes Restaurant im ältesten Giebelhaus der Stadt, erinnert an eine besondere Vergangenheit der Stadt: von 1648 bis 1903 gehörte Wismar mit der Insel Poel zu Schweden, die letzten hundert Jahre davon bereits in mecklenburgischer Verwaltung. Der prunkvolle Fürstenhof steht an der Ostseite der Georgenkirche, 1554 im Stil der italienischen Renaissance errichtet, seit 1653 Sitz der Gerichtsbarkeit (heute Stadtarchiv); reich geschmückte Fenster und Kalksteinreliefs wechseln mit Sandsteinarbeiten ab.

DDR-Reisehandbücher beschrieben bisher die Ostseeküste zwischen Boltenhagen und Ahlbeck. Östlich von Boltenhagen war die Ostseeküste bis zum November 1989 Sperrgebiet, der Aufenthalt dort nur mit Genehmigung gestattet. Unbotmäßige Einwohner wurden zwangsausgesiedelt, ein böses Kapitel der DDR-Geschichte, nicht nur an der Grenze östlich von Lübeck, sondern im ganzen Grenzstreifen bis Hof. Die Ostseeküste ist vielfältig; mal trennen Dünen das Land vom Meer, mal eine Steilküste, mal schützt ein Deich die dahinterstehenden Häuser vor Sturmfluten der Ostsee, und hunderte Kilometer weicher, manchmal auch steiniger weißer Strand – in Boltenhagen, Rerik, Kühlungsborn, Heiligendamm, dem ältesten deutschen Seebad (seit 1793!) Warnemünde, in Graal-Müritz, Ahrenshoop, auf dem Darß und in Zingst, auf Hiddensee, Rügen und Usedom. Es empfiehlt sich, warme Kleidung im Gepäck mitzuführen, denn die Ostseebrisen sind nicht nur im Winter kühl oder gar kalt, besonders wenn sie von Osten kommen. Übrigens zeugen die »Windflüchter« vom stetig kräftigen Wind am Baltischen Meer, an dem man auch im DDR-Teil gelegentlich Bernstein finden kann. Wer zwischen Wismar und Rostock unterwegs ist, für den gibt es

Kutter im Eis auf der Halbinsel Darß.

Fischernetze in Altusedom auf der Insel Usedom, deren Name auf das slawische Wort »uznam«, das Mündung bedeutet, zurückgeht.

Nachfolgende Seiten:

Blick auf das Vortor des Stargarder Tors in Neubrandenburg, einem Torturm der alten Stadtbefestigung und exemplarischem Beispiel norddeutschen Backsteinbaus aus der zweiten Hälfte des 14. Jahrhunderts.

Die neugotische Schloßkirche im Schloßgarten in Neustrelitz am Zierker See im Zentrum der Mecklenburger Seenplatte. Der Bau wurde zwischen 1855 und 1859 von dem Schinkel-Schüler Friedrich Wilhelm Buttel errichtet.

BORN
BORN

gleich drei Gründe, in Bad Doberan anzuhalten oder auszusteigen: zum einen der »Kamp«, der zentrale Platz der Stadt, um den der Baumeister C. Th. Severin ein klassizistisches Bauensemble gestaltete, darunter das Kurhaus, das Salongebäude mit repräsentativem Festsaal, das Palais des Fürsten (lange Zeit SED-Kreisleitung), das Prinzenpalais und mehrere Bürgerhäuser. Die Zisterzienserkirche Doberaner Münster gehört zu den schönsten hochgotischen Backsteinbauten Mecklenburgs, gebaut nach dem Vorbild der Lübecker Marienkirche; anders als die meisten mittelalterlichen Stadtkirchen wird es nicht durch enge Straßenzüge eingeengt. Doberan ist Ausgangspunkt des »Molli«, der Schmalspurbahn, die läutend und klingelnd dampfbetrieben wie eine Straßenbahn durch die engen Gassen ins Ostseebad Kühlungsborn rasselt.

Vor der Ostseeküste der DDR liegen vier Inseln, die alle ihren besonderen Reiz haben. Poel in der Wismarbucht, über einen Steindamm mit dem Festland verbunden, war in seiner Geschichte stets an Wismar gebunden (es gehörte mit zu Schweden), sie ist die drittgrößte Insel in der DDR und wird vor allem landwirtschaftlich genutzt. Es gibt aber auch zahlreiche Fischer. Zu den über 20000 Urlaubern kommen nochmals so viele Tagesgäste im Sommer. Die Insel (37 qkm) ist im Frühjahr und Herbst Durchgangsstation für Zugvögel; auf den Salzwiesen und den Strandwällen der vorgelagerten Insel Langenwerder ist das Revier der Sturmmöven (größte Kolonie der DDR), Silber- und Lachmöven, Austernfischer, Mittelsäger, Regenpfeifer. Langenwerder darf nur mit Sondergenehmigung betreten werden: doch an der Steilküste bei Gollwitz kann man viele dieser Vögel aus nächster Nähe beobachten. Die Steilküste auf Poel ist teilweise bis zu 12 Metern hoch und erlaubt in südlicher Richtung einen herrlichen Blick auf Wismar. Auch am Faulen See im Süden der Insel sind viele Vögel zu beobachten: Austernfischer, Seeschwalben, Schwäne, Kiebitze. Der »Schwarze Busch« ist das letzte Eichengehölz auf Poel.

Auf Poel haben sich zwar auch ein paar Künstler niedergelassen, aber eine Künstlerkolonie wie etwa auf der Halbinsel Darß in Ahrenshoop oder auf Hiddensee ist nie daraus geworden.

Die Halbinsel Fischland Darß Zingst beginnt dreißig Kilometer östlich Rostock. Die Ostseebäder Dierhagen, Ahrenshoop, Prerow und Zingst mit kilometerlangen weißen Sandstränden laden im Sommer zum Baden ein; Wanderungen an den Steilküsten sind ebenso beliebt. Freilich, gerade dieser Küstenstrich ist im Sommer übervölkert. Nach der Sturmflut 1874 wurde die Halbinsel Darß mit der Insel Zingst verbunden, so daß jetzt eine Zufahrt über das Fischland und über Barth (Stadt am Bodden mit viel Backsteingotik) möglich ist. Auf Zingst entstand das Lied von den Ostseewellen (gedichtet von Martha Müller-Grählert), das längst auch über die Nordseewellen gesungen wird (»Wo die Ostseewellen trecken an den Strand«).

Als »Hedinsey« tritt die Ostsee-Insel Hiddensee (18,6 qkm) in die altnordische Dichtung ein, in der »Edda« im 11. Jahrhundert.

Als »Ostseeperle, die so unendlich vielen Menschen... Gesundung, Verjüngung und Freude gebracht hat«, hat sie der Dichter Gerhart Hauptmann beschrieben, der im Norden der langgestreckten Insel auf dem Friedhof von Kloster 1946 seine letzte Ruhestätte fand. Sein »geliebtes Eiland«, ein »Wellenbrecher« für die größte deutsche Insel Rügen, wurde in alten Werbeprospekten großspurig als »Capri der Ostsee« bezeichnet. Auf Hiddensee ist Kraftverkehr ebenso wie Zelten jeder Art untersagt. Die ganze Insel ist Landschaftsschutzgebiet, große Teile wie das Schwedenhagener Ufer, Dornbusch, Gellen, Dünenheide stehen unter Naturschutz. Die östlich vorgelagerte Fährinsel darf nicht betreten werden (Vogelschutzgebiet). Von den Gebäuden des ehemaligen Zisterzienserklosters ist nur noch der Torbogen erhalten. Die Gerhart-Hauptmann-Gedenkstätte in seinem ehemaligen Wohnhaus gibt Auskunft über Leben und Werk des Schriftstellers aus Schlesien. Die Zufahrt auf die Insel ist nur vom Stralsunder Hafen aus oder von Schaprode auf Rügen her möglich.

Die Vogelschutzwarte der DDR befindet sich auf diesem »söten Länneken«. Die Dünenheide mit ihren vielfältigen Vegetationsformen (Sanddorn, Schwedische Mehlbeere, dänisches Löffelkraut) ist wohl so nur auf Hiddensee anzutreffen. Im Süden der Insel ist das »Dorf ohne Straßen« Neuendorf, dessen weißgekalkte Fischerhäuser auf alten 2,50 Meter hohen Strandwällen liegen.

Genau 973 Quadratkilometer umfaßt die Insel Rügen. Sie ist ein eigenständiger Landkreis mit der in der Mitte gelegenen Stadt Bergen als Kreisstadt. Wer die Insel einmal umwandern wollte, brauchte für die 570 Kilometer wohl mehrere Wochen. Rügen hat alles: lange Sandstrände, hohe Steilküsten, Kreidefelsen, die einmalig sind, Feuersteinfelder (25 Meter breite und ein Meter hohe Feuersteinwälle), Boddengewässer, Fischerdörfer, Industrieanlagen, eine als fürstliche Residenz errichtete weiße Stadt Putbus, einen »Rasenden Roland«, der nicht nur die Sommergäste von Putbus in die Ostseebäder Binz, Sellin, Baabe und Göhren befördert, Wälder und Hügel, dessen höchsten bei Jasmund man mit 161 Metern Höhe zu Recht als Piek-»Berg« bezeichnet, ein Schloß in Ralswiek nebst der Ausgrabung einer slawischen Siedlung aus dem 10. Jahrhundert und einem Hünengräberfeld; und einen Fährhafen, der die DDR mit Schweden verbindet und den seit Ende 1989 nach der Öffnung der Grenzen auch DDR-Bürger betreten können. Über den 1985 eingeweihten Fährhafen Mukran werden Güter in die Sowjetunion verschifft.

Das Wahrzeichen von Rügen aber sind die Kreidefelsen, »Königsstuhl« geheißen, im äußersten Nordosten der Insel, für die Gäste der Fährschiffe Trelleborg–Saßnitz oft zuallererst von Rügen zu erkennen. Vor Jahrmillionen entstanden, kommt es immer mal wieder zu »Ausbrüchen« der Kreidefelsen. So wurden 1958 im Mai etwa 70000 Kubikmeter und 1981 mehr als 100000 Kubikmeter Kreide weit in die Ostsee hineingeschoben, die abgestürzten Hänge führten Bäume und Sträucher mit. Bereits nach Wochen hat die See den Kreideausbruch wieder abgebaut.

Eine besondere Kostbarkeit der Insel sind die Feuersteinfelder, das »steinerne Meer« an der Schmalen Heide nahe der Bahnlinie Lietzow-Binz. Die 14 Wälle, jeweils zweitausend Meter lang, gleichen den erstarrten Wellen des Meeres. Und das Meer hat sie wohl auch dorthin befördert. Jedenfalls trug 1914 die stürmische Brandung unzählige Feuersteine vor Saßnitz ans Ufer und lagerte sie in einem Wall von eineinhalb Meter Höhe und 15 Meter Breite ab.

Das älteste Gebäude der Insel steht in Bergen, die Marienkirche. Für diesen Ziegelbau soll schon 1180 der Grundstein gelegt worden sein; seine romanischen Teile weisen nach Dänemark. Auf der Insel gibt es noch 28 weitere spätromanische oder gotische Kirchen und Kapellen, die alle unter Denkmalschutz stehen.

Ganz im Süden der Insel liegt die älteste Stadt, Garz, 1319 erstmals als Stadt (Novae civitas) erwähnt. Damals erhielt das auf dem Festland gelegene Stralsund, mit Rügen seit 1936 durch einen Damm (Straße und Eisenbahn) verbunden, das lübische Stadtrecht. Bis 1168 war Garz Sitz der slawischen Rügenfürsten. Der Burgwall der Stammesburg »Charenza« (200 Meter lang, 140 Meter breit) ist noch erhalten. 1930 entstand in Garz das »Erste Deutsche Diabetikerheim«, das die Kleinstadt weltweit bekannt machte.

Gegenüber den beiden alten Städten ist Saßnitz, die dritte Stadt der Insel, herrlich jung. Nahe den Kreidefelsen gelegen – seit 1963 produziert dort ein Kreidewerk vollmechanisch – schlossen sich 1906 das Fischerdorf Saßnitz und der Bauernflecken Crampas zur neuen Stadt zusammen. Durch den Eisenbahnanschluß (1891) und die Fährverbindung nach Schweden (1897), die sogenannte »Königslinie«, verlor die Stadt ihre Bedeutung als Kur- und Badeort und wurde mehr und mehr zu einer Industriestadt (heute 15000 Einwohner): Fischfang, Kreideproduktion, Elektroanlagen und Vitaminproduktion. In Saßnitz steht das »Rügenhotel«, das heue noch einzige Interhotel der Insel.

Die andere junge Inselstadt ist Putbus. Der 150 Jahre alte Ort erhielt im 19. Jahrhundert das Gesicht einer kleinen Residenz. Nach Plänen des Fürsten Malte entstanden Straßen, Alleen und der »Circus«, an dem 1836 auch das »Pädagogikum« errichtet wurde, allein Söhnen »adligen und bürgerlichen Standes« vorbehalten. Berühmt ist der Schloßpark mit einem Wildgatter und sechzig Baumarten, darunter Mammutbau, Japanische Kirsche, mandschurischer Korkbaum, Spanische Tannen, Ginkgobäume und Schwarzkiefern aus Österreich, (ein ähnlich gestalteter Park befindet sich in Ralswiek). Das Schloß im klassizistischen Stil, nach einem Brand 1872 wieder aufgebaut, wurde in den fünfziger Jahren nach Meinung der Anwohner aus »politischen Gründen« abgetragen. In Stadtführern heißt es, es sei verfallen.

Wie Rügen und Hiddensee gehört die Insel Usedom zu Pommern. Sie liegt vor der Mündung der Peene in die Ostsee und vor dem Oderhaff. Der östliche Teil der Insel mit der Stadt Swinemünde (heute: Swinoujscie) gehört seit 1945 zur Volksrepublik Polen und heißt nach der slawischen Bezeichnung der Stadt Usedom heute Uznam.

Usedom mit seinen 445 Quadratkilometern ist ein einziges Badeparadies mit feinem Strand: zehn Badeorte lösen einander ab. Auf Usedom liegt Peenemünde, die militärische Forschungsanstalt in den Kriegsjahren bis 1945, die die V2-Raketen entwickeln und noch den »Endsieg« bringen sollten. Peenemünde ist heute militärisches Sperrgebiet.

Der besondere Reiz der Insel liegt im Wechselspiel von Wind, Wellen und Land. Steilküsten gibt es nur an wenigen Abschnitten, aber die gesamte Insel ist mit Ausnahme von Peenemünde und dem auf der Insel gelegenen Teil der Stadt Wolgast Landschaftsschutzgebiet. Die Insel hat zwei Zugänge, über Wolgast und über Anklam, die jedoch zu festen Zeiten gesperrt werden, damit Schiffe passieren können (Wolgast ist Flottenstützpunkt). Im Südosten liegt die Stadt Usedom, 850 Jahre alt, früher eine Slawenburg. Lange Strandpromenaden mit dahinterliegenden Häusern aus der Zeit der Jahrhundertwende geben den Seebädern eine besondere Note, das größte ist Ahlbeck mit über 10000 Einwohnern, das immer noch mondänste ist der Nachbarort Heringsdorf mit eigenem Flugplatz, wo sich einst, wie der Usedomführer weiß, »Adlige, Bankiers, Beamte und Großindustrielle jeden Sommer hier ein luxuriöses Stelldichein« gaben. Alle Badeorte sind mit der Bahn erreichbar über Wolgast, dabei ist freilich ein 800 Meter langer Fußweg über die Peene-Brücke in Wolgast in Kauf zu nehmen.

Die Klosterkirche Eldena bei Greifswald, einst eine Backsteinbasilika aus dem 13./14. Jahrhundert, seit dem 18. Jahrhundert Ruine. Der Maler Caspar David Friedrich hat die Ruine mehrmals gemalt.

Im Jahre 1793 gegründet, ist Heiligendamm bei Bad Doberan das älteste deutsche Seebad.

Die größte Stadt des 1945 neugebildeten und 1952 wieder aufgelösten Landes Mecklenburg-Vorpommern heißt Rostock mit heute über 250000 Einwohnern. Die Hoffnung mancher Rostocker freilich, daß die ehemalige Hansestadt entsprechend den Bundesländern Hamburg und Bremen bei der anstehenden Neuformierung der Länder in der DDR als eigenständiges Zentrum landesunabhängig werden könnte, wird sich wohl kaum erfüllen; ist man doch nicht einmal halb so groß wie die Partnerstadt, die Hansestadt Bremen. Rostock an der unteren Warnow mit dem größten Überseehafen der DDR und mit der Fährverbindung nach Dänemark (Gedser) sowie an der Straße Lübeck/Hamburg-Stettin gelegen, ist ein bedeutender Knotenpunkt und ein Wirtschaftzentrum. Zwei Werften – die Warnowwerft und die Neptunwerft – gibt es in Rostock, dazu ein Dieselmotorenwerk, eine Düngemittelfabrik, eine Textilfabrik und eine Fischfangflotte. In Rostock, das keinen Flußanschluß hat, werden im Jahr rund 20 Millionen Tonnen Güter umgeschlagen und über die Bahn oder auf der Straße weitertransportiert.
Wer sich der Stadt nähert, dem fällt vor allem die im Krieg schwer beschädigte Marienkirche ins Auge. Wie eine Glucke scheint dieses mächtige Gotteshaus seine Flügel über die Innenstadt zu breiten. In der friedlichen Revolution des Jahres 1989 spielte auch die Marienkirche eine Rolle; von hier gingen immer donnerstags Demonstrationen aus. Mit dem Bau der Kirche, in norddeutscher Backsteingotik errichtet, war schon 1230 begonnen worden, elf Jahre nach der Stadtgründung; ihre endgültige Form hatte sie erst 1452 erhalten, der Turm entstand gar erst 1797. Rostock wurde im Krieg schwer zerstört, weil dort Kriegsschiffe und Flugzeuge gebaut wurden. Bei einem Luftangriff im August 1942 verlor die Stadt ein Fünftel ihrer Wohnungen; vor allem in der Altstadt waren die mittelalterlichen und barocken Giebelhäuser der Hansestadt betroffen. Die Marienkirche wurde wieder aufgebaut, ebenso die Petrikirche und die Nikolaikirche (im oberen Teil des Kirchenschiffes befinden sich heute Wohnungen kirchlicher Mitarbeiter), die Jakobikirche aus dem ausgehenden Jahrhundert mußte abgerissen werden.
Das Stadtzentrum entstand in drei Etappen, die Altstadt mit lübischem Stadtrecht seit 1218 um die Petrikirche; die Mittelstadt seit 1232 um die Marienkirche, die Neustadt seit 1252 um die Jakobikirche (heute ist dort der Universitätsplatz). Trotz der Zerstörungen sind noch einige für die Hansestadt typische Häuser erhalten oder konnten wieder aufgebaut werden, so das Rathaus am ehemaligen Neuen Markt mit seinen sieben Spitztürmen und einem Renaissanceportal, Bürgerhäuser an der Westseite des Platzes (Nr. 11 und Nr. 12), das Walldienerhaus, eines der wenigen erhaltenen, für Rostock typischen spätgotischen Giebelhäuser und das Kerkhofhaus (1470), beide in der Straße hinter dem Rathaus; in der Großen Wasserstraße steht wieder das Kaufmannshaus (um 1500) mit einem mächtigen siebenachsigen Treppengiebel mit Zinnenbesatz und als Nr. 4 ein spätgotisches Giebelhaus. In Rostock ist es besser als anderswo gelungen, die DDR-typische Plattenbauweise im Stadtbild nicht wie einen Fremdkörper erscheinen zu lassen. Von den einst 22 Stadttoren sind das Kröpeliner Tor (Stadtmuseum) und das Steintor erhalten. Rostocks Universität, 1419 gegründet, war die erste an der Ostseeküste (heute Wilhelm-Pieck-Universität).
Warnemünde, das seit 1323 zu Rostock gehört, 33 Kilometer warnowabwärts, war laut einem Ratserlaß »eine zum Vortheile der Stadt Rostock, weil dieser unterthänige, in Unterordnung gehaltene Commune, welche mehr als ein Dorf ist.« Es wurde in den vergangenen 150 Jahren ein aufstrebender Badeort, dem man freilich auch heute noch sein Entstehen als Fischerdorf (»Am alten Strom«) ansieht. An der Mole in Warnemünde standen sommers wie winters Menschen und schauten sehnsüchtig den Fährschiffen nach Dänemark nach – bis sie sie seit Ende 1989 auch selbst benutzen können.
Rostock-Besucher sollten wissen, daß in der Stadt am Meer die Zahl sieben als typisch für die Stadt gilt: sieben Türme hat das Rathaus, sieben Türme die Marienkirche, sieben Straßen gab es am großen Markt und sieben Tore führten in das Land. Der Mundartdichter Fritz Reuter, der in Rostock studiert hat, schrieb: »Je Rostock! Jedem Mecklebörger geiht dat Hart up un männigmal ok de Geldbüdel, wenn von Rostock de Red is.« Für den Mecklenburger sei Rostock, was in alten Zeiten Tyros und Sidon für den Handel und was Athen für die Wissenschaft war.
Die Mecklenburger lieben ihr Mecklenburg, das sie übrigens mit einem gedehnten e aussprechen. Aber auch die, die aus anderen Gegenden nach Mecklenburg kommen, finden große Worte, so der Bildhauer Ernst Barlach, in Wedel bei Hamburg geboren, der in Hamburg aufwuchs, in Dresden studierte und sich in Paris, Berlin und Florenz aufhielt, bis er zur in Güstrow lebenden Mutter zog: »An Berlin denke ich mit Schauder und Graus, und Italien war ein trister Aufenthalt gegen Güstrow.« Das mittelalterliche Güstrow (das »w« am Ende wird nicht gesprochen!) zieht auch heute noch tausende Besucher an. 1228 wurde Güstrow erstmals als Stadt erwähnt, nachdem zwei Jahre zuvor mit dem Bau des Doms begonnen worden war. Dom, die Pfarrkirche St. Marien

und das 1558 bis 1594 errichtete Renaissance-Schloß sind die Wahrzeichen der Stadt, die im Dreißigjährigen Krieg (1618–1648) zeitweilig Wallensteins Residenz wurde. Schillers »Wallenstein« spielt zum Teil in Güstrow, die durch Schillers Drama bekanntgewordenen Obersten Graf Terzky und Octavio Piccolomini wohnten in den vornehmsten Häusern der Stadt. Güstrow erhielt auch als eine der ersten Städte Mecklenburgs ein Theater (1828), das seit 1957 den Namen Barlachs trägt. Am Güstrower Theater begann übrigens Hans Albers seine Karriere. Wer das Werk Barlachs sehen will, muß nach Güstrow kommen. Im Dom hängt »Der Schwebende«, eine Nachbildung, nachdem das Original als »entartete Kunst« 1944 von den Nationalsozialisten eingeschmolzen worden war; in der Gertrudenkapelle, einem Backsteinbau aus dem 15. Jahrhundert, ist die Barlach-Gedenkstätte mit zahlreichen seiner Werke – darunter »Mutter Erde«, »Die gefesselte Hexe«, »Lesender Klosterschüler«, »Der Zweifler«, um nur einige zu nennen. Auch Barlachs Atelier am Heidberg, direkt am Inselsee gelegen, lohnt den Besuch.
Güstrow spielte auch in der Nachkriegsgeschichte eine besondere Rolle: so kam bei seinem DDR-Besuch 1981 der damalige Bundeskanzler Helmut Schmidt in die Stadt. Damit es nicht zu Beifallsäußerungen kam, wurde die Stadt für die Normalbevölkerung abgeriegelt und Funktionäre aus der Umgebung herangeschafft. »Der Austausch der Bevölkerung ist gelungen«, sagten die Güstrower.
Als das »Urmecklenburg« gilt freilich die »griese Gegend« oder das »Land der tönernen Stille« um die Städtchen Lübtheen und Hagenow mit ihren Fachwerkhäusern. Die graugelbe Färbung des Ackerbodens gab der Gegend den Namen. Aber eintönig ist Mecklenburg wirklich nicht. Wer Schlösser sehen will, der sollte neben Güstrow Abstecher nach Basedow, Ivenack, Klink (Müritz), Ludwigslust (der Schloßpark ist der größte in Mecklenburg), Mirow, Stavenhagen oder Ulrichshusen machen; Klosteranlagen gibt es in Dobbertin und Ivenack, aber beispielsweise auch in Rostock. Mittelalterliche Burgen und Wallanlagen sind in Parchim, Wittstock, Plau am See, Stuer, Wesenberg und Wredenhagen erhalten. Alt Schwerin in der Nähe von Waren (Müritz) ist ein denkmalgeschütztes Dorf; mittelalterliche Bürgerhäuser stehen in Mirow, eine echte Holländermühle in Krakow am See.
Stralsund, die ehemalige Hansestadt, gehört bereits zu Pommern, das freilich nur noch in der Evangelischen Landeskirche Greifswald weiter existiert. Die Grenze zwischen Mecklenburg und Pommern verläuft durch die Kreisstadt Ribnitz-Damgarten, deren Westteil Ribnitz mecklenburgisch und deren Ostteil Damgarten pommerisch ist. Beide Teile wurden erst 1950 vereint. Stralsund – von allen Seiten von Wasser umgeben, im Norden und Osten vom Strelasund der Ostsee, im Süden vom Frankenteich, im Westen vom Knieperteich – ist in seinem historischen Kern ein einziges Baudenkmal. Viele halten sie für die schönste Stadt auf DDR-Territorium, auch wenn der überall in der DDR anzutreffende Verfall inzwischen auch die 1234 vom Fürsten auf Rügen Witzlaw I. mit lübischen Stadtrecht ausgestattete Küstenmetropole erreicht hat.
In Stralsund (die Betonung liegt auf der ersten Silbe) wurde 1370 der Friedensvertrag zwischen den Hansestädten und dem dänischen Königreich unterzeichnet, wohl der Höhepunkt in der Geschichte der Stadt. Noch heute künden die großartigen Bauwerke der Backsteingotik, das Rathaus, die Kirchen und die prächtigen Giebelhäuser, vom damaligen Reichtum. Nach dem späteren Niedergang der Hanse wurde die Stadt mehrfach in kriegerische Händel verwickelt; sie widerstand mit schwedischer und dänischer Hilfe den Truppen Wallensteins im Dreißigjährigen Krieg; durch den Allianzvertrag von 1648 (Schwedisch-Vorpommern) gehörte Stralsund fortan bis 1815 zu Schweden. 1678 ließ der brandenburgische Kurfürst Friedrich Wilhelm ganze Straßenzüge in Schutt und Asche legen; im Nordischen Krieg verteidigte Schweden seine Interessen hier gegen Dänemark, Preußen und Sachsen. Fünfmal belagerten feindliche Truppen die Stadt zur Zeit Napoleons. Im Zweiten Weltkrieg zerstörte ein Bombenangriff den historischen Altstadtkern, vor allem das Gebiet zwischen Semlower und Langenstraße.
Den schönsten Blick auf die Stadt hat, wer über den Rügendamm kommt und die Stadt vor sich liegen sieht. Der Marktplatz mit dem Rathaus und der Nikolaikirche (beide im 13. Jahrhundert errichtet), gehört zu den schönsten Plätzen der DDR – wenn dort nicht gerade gebaut wird. Hier steht auch das spätgotische Wulflamhaus aus dem 15. Jahrhundert, benannt nach einem ehemaligen Bürgermeister der Stadt. Der Mampische Hof in der Mühlenstraße, das vermutlich älteste Haus in der Stadt, Mühlenstraße 1, spätgotische Bürgerhäuser in der Fährstraße und in der Mönchstraße, das Kütertor in der Heiliggeiststraße (Küter von Fleischer) aus dem Jahre 1281, das 1293 urkundlich belegte Kniepertor, die Marienkirche – eine der größten Hallenkirchen Europas –, die Jakobikirche, das Heiliggeisthospital tragen zu einem einzigartigen städtebaulichen Ensemble aus dem Mittelalter bei. Stralsund ist auch Ausgangspunkt für Fahrten nach Hiddensee (Schiff) und Rügen (Bahn).
An der Straße nach Greifswald liegt am Greifs-

Blick von der Seeseite her auf die alte pommersche Stadt Wolgast, überragt vom Turm der spätgotischen Petrikirche.

An der Mole von Warnemünde, Badeort und Hafen für die alte Hansestadt Rostock, mit der Warnemünde, 33 Kilometer warnowabwärts an deren Mündung in die Ostsee seit 1323 verbunden ist.

Blick auf die alte Hansestadt Stralsund, aus einem slawischen Fischerdorf entstanden, seit 1234 als Stadt benannte Siedlung am Strelasund vor der Insel Rügen. Von 1648 bis 1815 gehörte Stralsund zum Königreich Schweden.

walder Bodden die einzige Kormoran-Kolonie der DDR (bei Brandshagen). Wahrzeichen der Stadt Greifswald sind seine drei Kirchen, der Dom St. Nikolai, die Marienkirche und die Jakobikirche, die alle drei bereits im 13. Jahrhundert errichtet wurden. Das bedeutendste Ereignis war die Gründung der Universität im Jahre 1456 (1983 erhielt der Industrielle Bertold Beitz, der aus einem kleinen Ort bei Greifswald stammt, in der sehenswerten Aula die Ehrendoktorwürde; er nannte die Auszeichnung »Rückkehr des verlorenen Sohnes«). Die Stadt, die den Zweiten Weltkrieg unzerstört überlebte, ist gegenwärtig stark vom natürlichen Verfall bedroht, weil in der mittelalterlich geprägten Stadt allzuwenig für den Erhalt der Bauwerke getan wurde. Der satirische Vorwurf aus der DDR-Friedensbewegung lautete bisher zu Recht: »Ruinen schaffen ohne Waffen.«

Vier Kilometer östlich von Greifswald liegt die Klosterruine Eldena des 1199 gegründeten Zisterzienserklosters. Mönche dieses Klosters gründeten die Stadt, die erstmals als »gripheswold« 1238 urkundlich erwähnt wird. Der Maler Caspar David Friedrich ist in Greifswald geboren. Die Universität trägt heute den Namen des Dichters Ernst Moritz Arndt, der in Groß Schoritz südlich der Rügenstadt Garz geboren wurde.

Zu den pommerschen Städten, die heute auf dem Gebiet der DDR liegen, gehören weiter im Osten noch Wolgast, Anklam, Grimmen und Demmin. Wenn auch erheblich kleiner als Stralsund und Greifswald haben auch sie ihre besonderen Reize, weisen auch sie Zeugnisse deutscher Backsteingotik auf, so in Wolgast die Petrikirche und die Gertrudenkapelle, in Anklam die dreischiffige Petrikirche und die Pfarrkirche St. Nikolai sowie das Steintor.

Die Städte Neubrandenburg und Neustrelitz liegen im östlichsten Teil Mecklenburgs. Der Stadtkern des 1248 gegründeten Neubrandenburgs wurde in den Kämpfen am Ende des Zweiten Weltkriegs durch Artilleriebeschuß und Brand fast vollständig zerstört. Erhalten ist im Grunde nur noch das mittelalterliche Befestigungswerk mit seinen vier Toren: Neues Tor, Friedlander Tor, Stargarder Tor und Treptower Tor. An der über zwei Kilometer langen und sechs bis acht Meter hohen Wehranlage gibt es noch eine Reihe Wiekhäuser (in die Mauer gebaute Häuser); allerdings waren auch die meisten der einstmals 32 Wiekhäuser zerstört.

Neustrelitz ist eine junge Stadt. Sie wurde auf Befehl der Herzöge Mecklenburg-Strelitz von 1733 an sternförmig um den Marktplatz angelegt. Der barocke Schloßkomplex brannte Ende April 1945 vollständig aus. Der Stadtteil Strelitz wurde damals fast vollständig vernichtet: Marienkirche, Brandenburger Tor, Rathaus, Rotes Haus und Weißes Haus. Wahrzeichen von Neustrelitz ist die Schloßkirche mit ihren beiden schlanken Seitentürmen an der Westfassade, 1855/59 im neugotischen Stil errichtet.

Ernst Barlachs berühmte Plastik »Der Schwebende« hängt im Dom von Güstrow als Nachbildung, da das Original von den Nationalsozialisten 1944 als »entartete Kunst« eingeschmolzen wurde.

Der Hafen der zwischen 1226 und 1229 planmäßig um einen Marktplatz an der Wismaer Bucht angelegten Stadt Wismar; die einst führende Hansestadt gehörte von 1648 bis 1803 zu Schweden und ist heute der zweitgrößte Überseehafen an der Ostsee.

Heinrich der Löwe, Gründer Münchens, hat 1160 die einstige Obotritenfestung auf dem Gebiet der heutigen Schloßinsel von Schwerin erobert und 1171 Grafschaft und Bistum Schwerin begründet. Charakteristisch für die fünfeckige Schloßanlage, 1844 bis 1857 von Friedrich August Stüler und Adolph Demmler in Anlehnung an Schloß Chambord bei Orleans erbaut, sind die zahlreichen unterschiedlich gestalteten Türme.

Nachfolgende Doppelseite:

Sonnenuntergang am Schweriner See in Schwerin, der ältesten Stadt in Mecklenburg, die bis 1918 Residenzstadt war.

BM-5203
BM-5186

Brandenburg

einst »Streusandbüchse« des Reiches, heute Industrie- und Agrarland sowie Erholungsgebiet der Berliner

Im Gebiet von Eberswalde im Land Brandenburg ist das Schiffshebewerk Niederfinow als größter Schiffsfahrstuhl der Welt, mit einem Höhenunterschied von 36 Metern, der 1933 fertiggestellt wurde, die größte Attraktion

Jahrelang mußten die Geschichtslehrer in der DDR den Schülern beibringen, daß der Preußenkönig Friedrich II. weder sozial noch gerecht gewesen sei. Schon gar nicht habe er Nützliches oder gar Fortschrittliches für Deutschland geleistet und dürfe folglich auch nicht »der Große« genannt werden. Doch dann sprach der damalige SED-Generalsekretär Erich Honecker davon, daß das Reiterstandbild Friedrich des Großen »vielleicht« wieder am angestammten Platz Unter den Linden in Ost-Berlin aufgestellt werden könnte. Im Dezember 1980, vier Monate nach dem Interview, war es soweit. Des Nachts kam ein Tieflader und lud das Denkmal des »Alten Fritz«, geschaffen von Christian Daniel Rauch (1851), vor der Humboldt-Universität ab, der Zwangsaufenthalt im hinteren Ende des Parks von Sanssouci war beendet.

Die Geschichte des Standbilds dokumentiert so recht die schwierige Position der DDR gegenüber Preußen und seiner Geschichte (unmittelbar nach dem Krieg war das Standbild unter den Linden eingemauert worden, bis es dann abtransportiert wurde).

Nachdem der Alliierte Kontrollrat im Gesetz Nr. 46 vom 25. Februar 1947 den »Staat Preußen, seine Zentralregierung und alle nachgeordneten Behörden« als aufgelöst erklärt hatte, galt Preußen in der DDR als Hort des Militarismus und der Reaktion. Damit hatte die DDR ein besonderes Problem, denn ihre zentralen Teile waren preußische Provinzen: die Mark Brandenburg, die preußische »Provinz Sachsen« (nicht zu verwechseln mit dem Land Sachsen), das Land Anhalt, und die zur heutigen DDR gehörenden Teile Pommerns und Schlesiens. Die »roten Preußen« war ein jahrelang im Westen gebräuchlicher Begriff für die DDR-Führung. Während man in der Armee Stechschritt und preußenähnliche Uniformen übernommen hatte, wollte man sich auf der politischen Ebene jahrelang soweit wie nur möglich von Preußen entfernt halten.

Besonders schwer tat man sich mit Bismarck, wohl weil sich dann die Frage der Einheit stellte, während die DDR-Führung auf Abgrenzung setzte. Doch jetzt, da auch nach der Erklärung des Übergangs-Ministerpräsidenten der DDR, Hans Modrows, die deutsche Einheit auf der Tagesordnung der Geschichte steht und nach seinen Worten die Stunde gekommen ist, »um einen Schlußstrich unter den Zweiten Weltkrieg zu ziehen«, wird es zwar kein Land Preußen geben, aber doch bald eines, das »Brandenburg« und ein anderes, das »Sachsen-Anhalt« heißen wird, wie von 1946 bis 1952.

Von der Altmark aus seit 1134 erworben und 1157 vom Askanier-Markgraf Albrecht der Bär endgültig in Besitz genommen und als Mark Brandenburg bezeichnet, vergrößerte sich Brandenburg unter verschiedenen Herrschaftshäusern. Der Name leitet sich von der früheren slawischen Siedlung Brennaburg her. Seit 1415 herrschten in Brandenburg die Hohenzollern. Mit der Krönung des Kurfürsten Friedrich III. zum König Friedrich I. in Preußen teilte Brandenburg das preußische Schicksal. Das weit entfernt liegende Preußen gehörte seit 1618 zu Brandenburg.

Nachdem der Große Kurfürst Friedrich Wilhelm das vom Dreißigjährigen Krieg verwüstete Land wieder aufgebaut hatte, installierte Friedrich II. Brandenburg-Preußen als europäische Macht. Berlin, seit dem Mittelalter die natürliche Metropole des Landes, schied bald nach der Reichsgründung 1871 aus dem brandenburg-preußischen Verband aus und wurde als Reichshauptstadt selbständig.

Die alte Mark Brandenburg wurde in alter Zeit als »Streusandbüchse« des Heiligen Römischen Reiches Deutscher Nation verspottet, da der zumeist sandige Boden wenig fruchtbar und arm an Bodenschätzen war. Brandenburg reicht heute von Wittenberge an der Elbe über Rathenow, Fürstenberg/Havel im Norden und Jüterbog im Süden bis an die Oder, begrenzt durch Schwedt im Norden und Cottbus im Süden. Zu den größeren Städten zählen Cottbus, Brandenburg, Potsdam, die Hauptstadt des Landes, und Frankfurt an der Oder.

Aus der vornehmlich landwirtschaftlich orientierten Region ist in vierzig DDR-Jahren mit dem Aufbau zweier künstlich geschaffener Städte im Bezirk Frankfurt/Oder – Schwedt im Norden und Eisenhüttenstadt (früher »Stalinstadt«) im Süden – die Mark durchaus zu einem Industrie- und Agrargebiet verwandelt worden. In Schwedt wurde ein Chemiekombinat angesiedelt, in Eisenhüttenstadt ein Stahl- und Hüttenwalzwerk.

Doch die Gegend zwischen Elbe und Oder ist nicht nur »Streusandbüchse«; gerade die vielen Seen und Wälder im Havelland, im Osten Berlins und im Spreewald führten dazu, daß die Ost-Berliner und die Potsdamer jeden nur idyllisch scheinenden Flecken nutzten, um dort ihre »Datschen« – Eindeutschung aus dem Russischen für Wochenendhäuschen – zu errichten. Gerade in den von Seen und Wäldern umgebenen Dörfern, die durch kilometerlange Linden-, Kastanien- oder Pappelalleen (hier konnte der ADAC mit seiner Abholzaktion nicht wüten!) verbunden sind, scheint die Zeit stehengeblieben zu sein, was das innerhalb der Ortschaften überkommene Kopfsteinpflaster noch unterstreicht. (Gehwege sind hier meist unbekannt; in den grauen DDR-Dörfern gehen Fußgänger auf der Straße!)

Der Südosten der Mark Brandenburg und der Nordteil des früheren Niederschlesiens, der Sachsen zugeschlagen wurde, ist durch den Braunkohletagebau auch zu einem industriellen Zentrum geworden. Ganze Dörfer mußten den riesigen Tagebau-Baggern, die die Landschaft dort veränderten, weichen.

Die Mark Brandenburg ist ziemlich dünn besiedelt, rund hundert Einwohner kommen auf einen Quadratkilometer. Vor der Aufteilung in Bezirke umfaßte Brandenburg 2,6 Millionen; dabei ist noch zu erwähnen, daß die Gebiete Brandenburgs jenseits der Oder ebenso wie die Teile Pommerns und Schlesiens heute zur polnischen Volksrepublik gehören.

Potsdam ist die zehntgrößte Stadt der DDR. Sie übernahm die Hauptstadtfunktion für die Mark Brandenburg, als die natürliche Metropole Berlin ausgegliedert wurde. Potsdam war einst auch die Sommerresidenz der preußischen Könige. Und mit dem »Tag von Potsdam«, dem 21. März 1933, der ersten Tagung des nicht mehr in freier Wahl bestimmten Deutschen Reichstages nach der nationalsozialistischen Machtergreifung in der Garnisonkirche von Potsdam, versuchten die Nazis ein Bündnis mit den militärischen preußischen Traditionen herzustellen. Hitler sprach in seiner Rede von der Vermählung der Symbole der alten »Größe« (gemeint war Preußen) mit der jungen »Kraft«, dem Nationalsozialismus. Die Stadt wurde in den letzten Kriegstagen (am 14. April 1945) durch einen Luftangriff in Trümmer gelegt. Vor allem in der Altstadt um den Alten Markt und das Stadtschloß herum gingen ganze Straßenzüge mit wertvollen Baudenkmälern in Flammen auf. Die Garnisonkirche wurde zur Ruine. 1964 riß man sie ab, wohl vor allem aus politischen Gründen.

Die Stadt, von allen Seiten von herrlichen Seen umgeben, entwickelte sich am Übergang über die Havel. 993 wurde der Ort erstmals als »Poztupimi« erwähnt; die Tausendjahrfeier steht also bald ins Haus. Aus dem 14. Jahrhundert stammt die erste Urkunde, in der Potsdam als Stadt bezeichnet wird. 1416 kam Potsdam in Besitz der Hohenzollern. Der Große Kurfürst wählte Potsdam zur Residenz, Friedrich Wilhelm I. und Friedrich II. (der Große) prägten die Entwicklung der Stadt. Die Geschichte dieser Residenz läßt sich an bedeutenden historischen Ereignissen ablesen. Mit dem Edikt von Potsdam 1685 lud der Große Kurfürst die in Frankreich verfolgten Hugenotten zur Ansiedlung in seinen Provinzen ein; es kamen Tausende, die nicht nur in Potsdam zum Aufbau Brandenburgs beitrugen – Namen wie de Maziere, Mariage oder Fontane zeugen noch heute vom Beitrag der französischen Flüchtlinge zur preußischen Geschichte. 1805 wurde in Potsdam der geheime Allianzvertrag zwischen Preußen und Rußland geschlossen. Dem Tag von Potsdam 1933 folgte 1945 die Potsdamer Konferenz der Alliierten im Schloß Cäcilienhof am Jungfernsee. Wer dort im Park spazierenging, wurde 28 Jahre lang mit einer Folge des von Ost und West verschieden interpretierten Abkommens konfrontiert: mit der Berliner Mauer, die den Blick auf den Jungfernsee versperrte, jetzt aber zum Abriß freigegeben ist.

Die Bauten und Anlagen Potsdams, das heute 142000 Einwohner hat, sind eng mit der Geschichte der Stadt im 18. und 19. Jahrhundert verbunden. Hervorragende Baumeister, Maler, Gartengestalter gaben der Stadt und ihren Parkanlagen das besondere Gepräge. Bedeutende Persönlichkeiten wie Voltaire, Alexander von Humboldt, Theodor Storm und Albert Einstein wirkten in Potsdam.

Altes und Neues Zentrum Potsdams ist der Alte Markt, der sich von der Havel bis zum ehemaligen Rathaus (heute Kreiskulturhaus) und zur Nikolaikirche heraufzieht. Das alte Potsdamer Rathaus, 1735–55 als Barockgebäude errichtet, beherbergte im Turm bis 1875 das Stadtgefängnis; auf dem Turm steht der vergoldete Atlas mit der Weltkugel. Die schwer zerstörte Nikolaikirche, seit 1981 wieder Gotteshaus, mit einer Kuppel in der Art der Londoner Paulskirche und vier Glockentürmen, beherrscht den Alten Markt. Am Tag des Edikts von Potsdam wird dort seit 1985 jeweils ein Vortrag zu humanistischen Themenstellungen gehalten; einmal sprach dort der frühere Bundeskanzler Helmut Schmidt, ein anderes Mal der SPD-Politiker Erhard Eppler – Vorträge, die den Wandel in der DDR geistig vorbereiten halfen.

Sehenswert in Potsdam sind vor allem drei Stadttore, das Brandenburger Tor, hinter dem die Schloß- und Parkanlagen von Sanssouci beginnen, das Nauener Tor und das Jägertor. Das Brandenburger Tor ist ein Barockbau, der erst 1770 entstand; das Nauener Tor im Norden – von dort gelangt man zur Kolonie Alexandrowka, russischen Blockhütten – wurde 1755 im neugotischen Stil

Der spätgotische Maßwerkgiebel an einer Südkapelle der Katharinenkirche in Brandenburg; der Giebel ist aus Fialen, Rosetten und Wimpergen komponiert, die Lisenen wurden durch glasierte Formsteine betont (Bau der dreischiffigen Hallenkirche ab 1401).

nach englischem Vorbild errichtet. Städtebaulich einmalig ist das »Holländische Viertel«, das holländische Bauleute von 1734–1742 für holländische Einwanderer errichteten, die freilich dann in weit geringerer Zahl kamen als die 134 Häuser Platz boten. Dort wohnten später vor allem die Künstler, deren Wirken mit Sanssouci verbunden ist.

Besuchermagnet Potsdams sind die Schloß- und Parkanlagen von Sanssouci mit ihrem 290 Hektar großen Areal. 1744 befahl Friedrich der Große, den Wüsten Berg hinter dem Brandenburger Tor zu terrassieren und in einen Weinberg zu verwandeln. Bald darauf baute Georg Wenzeslaus von Knobelsdorff das Schloß, durchaus nach dem französischen Vorbild Versailles, aber in den Ausmaßen nicht so mächtig, Ausdruck des königlichen Willens, hier nicht zu repräsentieren und zu protzen, sondern »ohne Sorgen« (sans souci) seinen Neigungen nachzugehen. Die Skizzen für das Schloß hat Friedrich selbst gefertigt. Anders als in Versailles führt die Hauptallee nicht auf das Schloß zu, sondern nutzt das vorhandene hügelige Gelände über die Bildergalerie und die Orangerie (später »Neue Kammern«) zum Schloß hinauf. Der Park, der zum Ende der Regierungszeit Friedrich des Großen einen eher verwahrlosten Eindruck machte (Fürst Ligne sprach 1780 vom »dürren Sanssouci«), wurde dann durch Peter Josef Lenne neu gestaltet und erhielt sein heutiges Aussehen: große ungeteilte Rasenflächen, Haine und Baumgruppen wurden angelegt, das Wegenetz neu geordnet, der Palaisgraben in einen natürlichen Wasserlauf umgestaltet, die Bauten in die Landschaft einbezogen. Das Neue Palais am Ende des Parks von Sanssouci ist 240 Meter lang und beherbergt kostbar ausgestattete Räume wie den Marmorsaal und den Muschelsaal.

Gegen Ende des Zweiten Weltkrieges geriet Schloß Sanssouci in die Hauptkampflinie. Der NS-Gauleiter von Brandenburg befahl die Zerstörung der Anlagen. Der für Kulturfragen zuständige Oberleutnant der Roten Armee, Ludschuweit, erhielt den Befehl, die Anlagen vor der Zerstörung zu bewahren, wie es im Potsdamer Stadtführer heißt. In seinem Rechenschaftsbericht hat er über den 26. April 1945 geschrieben: »Am nächsten Tag schickte ich einen Funkspruch an das deutsche Oberkommando, in dem ich anbot, die Schlösser und Gärten von Sanssouci nicht zu beschießen, sie außerhalb der Kampfhandlungen zu lassen. Ich war sehr besorgt um die Kunstschätze und wollte unbedingt ihre Erhaltung...« Als danach eingesetzter Kommandant stand er oft »nachts auf, um zu kontrollieren, ob auch alles in Ordnung war.«

Im nordwestlichen Zipfel der alten Mark Brandenburg liegen die Kreisstädte Perleberg und Pritzwalk. Beide erhielten im 13. Jahrhundert Stadtrecht, beiden haben je rund 12000 Einwohner. Während in Perleberg (verwaltungsmäßig zu Mecklenburg gehörend) mehrere Industriebetriebe beheimatet sind, lebt Pritzwalk vor allem von der Landwirtschaft. Die beiden Prignitz-Städte verfügen über ansehenswerte Marktplätze; zweigeschossige Fachwerkhäuser sind es in Pritzwalk. Östlich von Pritzwalk liegt eine der wenigen vollständig erhaltenen Klosteranlagen auf dem Gebiet der DDR, das 1289 gegründete Zisterzienserinnenkloster Heiligengrabe, aus dem 1542 ein Fräuleinstift hervorging. Klosterkirche und Klosterkapelle sind einschiffige Backsteinbauten aus dem 15. Jahrhundert, die von kleinen Fachwerkhäusern umgeben sind. Heute werden in Heiligengrabe geistig behinderte Kinder betreut.

Die Menschen in der Prignitz nehmen für sich in Anspruch, besonders ausdauernd und beharrend zu sein – wie überhaupt alle Menschen im kargen Brandenburg. Freilich sieht man diese Eigenschaften anderswo als besonders dickköpfig und stur an, aber auch aufsässig kann man in der Mark Brandenburg sein. Über die Prignitz und die größte Stadt dieser Landschaft lautet ein Spruch: »Dat geiht bunt to inne Prignitz, awerst am büntsten in Wittstock«. Wittstock, 946 erstmals urkundlich genannte Stadt mit 14300 Einwohnern, war vom 13. bis zum 15. Jahrhundert Residenz der Bischöfe von Havelberg. Vom Bischofspalast steht heute nur noch der Turm (Heimatmuseum); die Steine des Palastes – praktisch war man schon immer veranlagt – wurden nach der Reformation zum Bau der Häuser der Marienkirche und der 2500 Meter langen Klostermauer verwandt. Die ehemalige starke Stadtbefestigung mit vielen Wehrtürmen ist fast vollständig erhalten.

Die vierte Stadt der Prignitz ist Havelberg (verwaltungsmäßig zu Sachsen-Anhalt gehörend), am Zusammenfluß von Elbe und Havel gelegen. 946 wird sie als Stadt genannt, als das Bistum gegründet wurde. 1150 wurde die Stadt, überragt vom mächtigen, im Kern romanischen Dom, planmäßig angelegt. Einmal im Jahr ist Havelberg Ziel zehntausender DDR-Bürger; am ersten Wochenende im September ist kaum ein Hineinkommen in die Stadt. Beim Havelberger Pferdemarkt konnten die Menschen das tun, was nach den sozialistischen Plan-Gesetzen bis 1990 streng verboten war: mit allem zu handeln, was nicht niet- und nagelfest ist. »Hier proben wir den Kapitalismus«, sagten Anbieter und Besucher stolz. Es gibt und gab Menschen in der DDR, die ein ganzes Jahr daheim nur für den Havelberger Pferdemarkt produzieren. Die sonst so strenge Preisbindung ist auf dem Markt außer Kraft gesetzt.

Das Ruppiner Land und das Havelland mit den Städten Neuruppin, Rheinsberg, Oranienburg

Inmitten ausgedehnter Seen und Wälder südöstlich von Brandenburg liegt das ehemalige Zisterzienserkloster Lehnin. Im Bild der Innenhof der romanisch begonnenen und frühgotisch vollendete Klosterkirche.

Das Innere der Klosterkirche von Jerichow, westlich von Brandenburg, der älteste und bedeutendste romanische Backsteinbau in Norddeutschland.

Schloß Rheinsberg, nördlich von Neuruppin, zwischen 1734 und 1740 von Georg Wenzeslaus von Knobelsdorff und J.G. Kemmeter am Grienericksee aus einer mittelalterlichen Wasserburg zu einem Barockschloß umgebaut, schenkte der »Soldaten-König« Friedrich Wilhelm I. seinem Sohn, Kronprinz Friedrich.

Potsdam, Schloß Sanssouci: Am westlichen Ende der Hauptallee von Sanssouci steht in der Achse das Neue Palais, zwischen 1763 und 1765 nach dem Ende des Siebenjährigen Krieges von Johann Gottfried Büring und Carl von Gontard für Friedrich II. errichtet.

Potsdam, Schloß Sanssouci: Abseits der Hauptallee im Schloßgarten von Sanssouci steht das im Stil der damaligen Chinoiserie-Mode von Johann Gottfried Büring gestaltete Chinesische Teehaus (1754-157).

Potsdam, Schloß Sanssouci: Das Musikzimmer, einst Schauplatz des Geschehens von Menzels Gemälde »Das Flötenkonzert«.

und Fürstenberg gleicht der Mecklenburgischen Seenplatte und ist Fontane-Land. Es gibt dort wohl kaum einen Ort, den Theodor Fontane bei seinen »Wanderungen durch die Mark« nicht beschrieben hätte. Und zum Wandern lohnt es sich hier auch hundert Jahre später, mit den Stiefeln oder mit dem Boot.

Theodor Fontane wurde in Neuruppin als Sohn eines Apothekers geboren. Auch der wohl bedeutendste Baumeister des Klassizismus, Karl Friedrich Schinkel, erblickte in dieser märkischen Kreisstadt das Licht der Welt. 1238 haben die Herren von Ruppin die Stadt als Mittelpunkt der Grafschaft, die 1524 zu Brandenburg kam, gegründet. Nach einer Feuersbrunst 1787 läßt Friedrich Wilhelm II. die Stadt planmäßig mit einem Straßengitternetz wieder aufbauen. Einmalig in der DDR steht der gesamte Stadtkern unter Denkmalschutz. Von hier gingen im 19. Jahrhundert die »Neuruppiner Bilderbogen« der Firmen Gustav Kühn und Oehmigke & Riemschneider in alle Welt, historische oder satirische Beschreibungen aktueller Ereignisse oder Bildergeschichten zu Liedern und Märchen, Wahrzeichen Neuruppins ist die frühgotische Backstein-Hallenkirche des 1246 gegründeten Dominikanerklosters.

»Ich bin glücklich, diese Stätte zu besitzen, wo man nur Ruhe kennt, die Blumen des Lebens pflückt und die kurze Zeit genießt, die uns auf Erden geschenkt ist«. Diese Zeilen schrieb Kronprinz Friedrich – der spätere »Große König« – über das Schloß Rheinsberg, das er sich zur Lieblingsresidenz erkoren hatte. Der Vater Friedrich Wilhelm I. hatte Rheinsberg seinem Sohn, dem Kronprinzen, übergeben, der dort bis zur Thronbesteigung wohnte.

Nach einem Brand ließ Friedrich die Stadt planmäßig wieder aufbauen, die in elf Karrees eingeteilt wurde: in den Hauptstraßen durften nur zweistöckige, in den Nebenstraßen nur einstöckige Häuser gebaut werden. Georg Wenzeslaus von Knobelsdorff baute die Stadt und die Parkanlagen von Rheinsberg. Kurt Tucholsky setzte der Stadt und dem Schloß ein literarisches Denkmal.

Auf dem Wege nach Fürstenberg liegt der Stechlin, Mittelpunkt eines Fontane-Romans und einer der schönsten Seen in der Mark Brandenburg. In den Stechlin leitet das Atomkraftwerk Rheinsberg – mit 50 Megawatt ein kleines seiner Art – die Abwässer, was zu einer Erwärmung des Sees um 2 Grad beitrug. Besonders schön gelegen ist der benachbarte Roofensee in Menz, über dem im Sommer auch der Fischadler kreist. Fürstenberg, malerisch zwischen mehreren Seen gelegen, 1333 erstmals urkundlich erwähnt, verfügt noch über die Flügel der »Alten Burg« und über ein barockes Schloß, das heute als Krankenhaus dient.

Bötzow hieß der Ort im Norden Berlins, der 1665 den Namen Oranienburg erhielt. Die Gemahlin des Großen Kurfürsten Luise Henriette von Oranien hatte sich bei der Neuanlage des Schlosses beteiligt. Sie gründete in jenem Jahr auch das Waisenhaus der Stadt. Im Schloß, das heute ziemlich heruntergekommen ist, sind (noch) Grenztruppen der DDR stationiert. Freilich, das Schloß war auch schon in vergangenen Zeiten zweckentfremdet worden. Im 19. Jahrhundert wurde dort Schwefelsäure produziert, später fand ein Lehrerseminar Unterkunft.

Im Vorort Oranienburgs, in Sachsenhausen, und im Vorort Fürstenberg, in Ravensbrück, waren in der NS-Zeit zwei Konzentrationslager eingerichtet worden, die vielen Tausenden Menschen das Leben kosteten; in Ravensbrück das berüchtigte Frauen-KZ.

Brandenburg, umgeben von zwei Seen, Mooren, Eichen- und Kiefernwäldern, war die erste Hauptstadt der Mark Brandenburg. Kaiser Heinrich I. eroberte 928 die alte wendische Brennaburg, doch der Havelübergang blieb bis ins 12. Jahrhundert zwischen Deutschen und Slawen umstritten. Die Havel teilte die Stadt in drei Teile: in die Dominsel mit dem Peter-und-Paul-Dom, errichtet um 1165, der im 14. Jahrhundert in eine gotische Basilika umgewandelt wurde; in das einstige Fischerdorf Parduin, das seit 1150 die Altstadt bildet, und in die Neustadt, das »deutsche Dorf«. Das Wahrzeichen der ehemaligen Hansestadt ist die Anfang des 15. Jahrhunderts errichtete Hallenkirche St. Katharinen, erbaut im Stil der norddeutschen Backsteingotik, die in der Neustadt steht. Die Gotthardkirche in der Altstadt (1456–75 erbaut), eine spätgotische Backsteinkirche, verfügt über reiche Kunstschätze. Vor dem altstädtischen Rathaus, auch ein Gebäude der Backsteingotik, steht eine 5,30 Meter hohe Rolandsfigur. Das Ordonnanzhaus ist das älteste Steinhaus der Stadt (14. Jahrhundert). Für die Entwicklung der Stadt (96000 Bewohner heute) war die schiffbare Havel und der Mittellandkanal ebenso bedeutsam wie die Bahnverbindung Berlin–Braunschweig. Seit dem Mittelalter wurden in Brandenburg vor allem Tuche hergestellt. Mit der Gründerzeit (1875) bildeten sich die metallverarbeitenden Betriebe zum industriellen Schwerpunkt der Stadt heraus. Brandenburg ist heute eine der wichtigsten Industriestädte der DDR, besonders durch das Stahl- und Walzwerk Brandenburg. Politisch war Brandenburg bereits in der Frühzeit der Hohenzollernherrschaft ins Hintertreffen geraten; die hohen Herren orientierten sich nach Berlin und Potsdam.

Die einstige Stadtbefestigung mit den zehn Türmen hat den Lauf der Geschichte nur zum geringen Teil überlebt. Der Steintorturm mit seinen

Die im 13. Jahrhundert gegründete Stadt Fürstenwalde, auf halbem Wege zwischen Berlin und Frankfurt/Oder gelegen, mit der dreischiffigen Backstein-Hallenkirche St. Marien (nach 1446 erbaut) und dem Rathaus, das nach der Zerstörung 1945 zwischen 1961 und 1968 wiederaufgebaut wurde.

In Buckow, bekannt durch Wolf Biermanns Lied von der Buckower Süßkirschenzeit, steht das Landhaus, in dem Bertolt Brecht gearbeitet hat.

32 Metern (um 1400), der 24 Meter hohe Mühlenturm (1411), der viereckige Rathenower Turm (14. Jahrhundert) und der zylindrische Plauer Torturm (15. Jahrhundert) sind erhalten geblieben. Die Brauerei der Stadt wirbt seit der Preußen-Renaissance in der DDR Anfang der achtziger Jahre auf ihren Bierflaschen-Etiketten mit den »langen Kerls« Friedrich des Großen.
Rund 25 Kilometer westlich Brandenburg befindet sich die spätromanische Klosterkirche zu Jerichow des 1144 gegründeten Prämonstratenserklosters. Die Jerichower Klosterkirche ist der älteste und künstlerisch wertvollste Backsteinbau im deutschen Norden.
Südöstlich Brandenburgs und südwestlich Potsdams liegt inmitten ausgedehnter Wälder und Seen das ehemalige Zisterzienserkloster Lehnin. Das Kloster Himmelpfort wurde 1180 gestiftet. Der frühgotische Backsteinbau mit seinen romanischen Teilen im Osten der Anlage wurde bereits 1270 geweiht; der letzte Abt Valentin amtierte dort bis 1542. Die Klosterkirche, romanisch begonnen und frühgotisch vollendet, wurde in den siebziger Jahren des 19. Jahrhunderts wiederhergestellt. Die dreischiffige Pfeilerbasilika birgt zahlreiche Kostbarkeiten, einen Flügelaltar, einen gemalten Altar, den Grabstein Ottos IV., der hier 1303 als Mönch starb. Außerhalb der Klausur befindet sich das Königshaus (das ehemalige Abtshaus), das Kornhaus und das Falkonierhaus, die alle aus dem 14./15. Jahrhundert stammen.
Die Inselstadt Werder an der Havel und der Erholungsort Caputh gehören zum Potsdamer Einzugsbereich. Werder war eines der 64 Dörfer, die zum Kloster Lehnin gehörten (1317 erstmals urkundlich erwähnt). Die Altstadt auf der Insel, mit einem Damm zum Festland verbunden, hat ihre verträumte Beschaulichkeit bewahren können, denn das städtische Leben spielt sich vor allem auf dem »Festland« ab. Die einstige Fischerstadt hat ihre Bedeutung dem Obstanbaugebiet zu verdanken. Im Mai zieht es Zehntausende zur Obstblüte nach Werder, wo in den zahlreichen Gartenlokalen der Obstwein ausgeschenkt wird (Vorsicht: in der DDR ist die Promille-Grenze für Autofahrer bei 0,00 Promille). Auf rund 10000 Hektar Fläche werden hier Äpfel produziert, Baumreihe an Baumreihe, »Havelobst«, das größte geschlossene Apfelanbaugebiet Europas. In den »Protokollen aus dem Havelobst« der Schriftstellerin Gabriele Eckart übten die Mitarbeiter der Obstbetriebe schonungslose Kritik an gigantischen Flächen und übermäßigem Gifteinsatz. Das Buch kam erst jetzt in der DDR heraus.
Einer der Anziehungspunkte Capuths ist die alte Fähre über die Havel (seit 1848). Für eine Fahrt – es passen höchstens zehn Fahrzeuge drauf – nehmen die Autofahrer an Wochenenden auch gern längere Wartezeiten in Kauf. In Caputh am Schwielowsee lebte der Physiker Albert Einstein von 1929 bis zu seiner Emigration 1933. Im barocken Schloß aus dem Jahre 1662 befindet sich heute eine Berufsschule. Fontane hat Caputh einmal »das Chicago am Schwielowsee« genannt. Da lag es für die Krimi-Schriftsteller -ky und Steffen Mohr nahe, ihren ersten deutsch-deutschen Kriminalroman am Schwielowsee spielen zu lassen. Das Buch »Schau nicht hin, schau nicht her« erschien im September 1989.
Südlich der wald- und seenreichen Potsdamer Gegend liegt der Fläming, auch so eine brandenburgische »Streusandbüchse« mit den Städten oder Städtchen Jüterbog, Beelitz, Treuenbrietzen und Luckenwalde. Jüterbog am Rande des niederen Fläming hat seine mittelalterliche Atmosphäre bis in die heutige Zeit bewahren können. 1160 kam die ehemalige Wendensiedlung zum Erzstift Magdeburg und erhielt Magdeburger Stadtrecht. 1648 fiel Jüterbog an Kursachsen, 1815 an Preußen. Neben großen Teilen der Stadtmauer sind von der ehemaligen Stadtbefestigung noch alle drei Tore erhalten: das Dammtor, das Neumarkter Tor und das Zinnaer Tor, die alle in den achtziger Jahren des 15. Jahrhunderts erbaut wurden. Die Stadt hat einen ellipsenförmigen Grundriß mit zwei Längsstraßen und einem rechteckigen Markt. Das Rathaus aus dem Jahre 1380 wurde mehrfach umgebaut; die Liebfrauenkirche ist eine Backsteinbasilika aus dem 13. Jahrhundert; die Pfarrkirche St. Nikolai, eine spätgotische Backstein-Hallenkirche, hat zwei Westtürme, die durch eine Brücke verbunden sind; die Nikolaikirche ist das Wahrzeichen der Stadt. In und nahe Jüterbog gibt es zahlreiche russische Soldatenfriedhöfe, die zeigen, wie hart die Kämpfe um Berlin zum Ende des Zweiten Weltkrieges waren und welchen Blutzoll die sowjetische Armee zur Niederschlagung des nationalsozialistischen »Tausendjährigen Reiches« zu zahlen hatte. In dieser kargen Gegend befinden sich auch zahlreiche Truppenübungsplätze der Roten Armee und der ostdeutschen Volksarmee, so unter anderem beim Kloster Zinna, das im Norden des Flämings schon 1170 von Zisterziensern gegründet wurde, ein meisterhaftes Beispiel norddeutscher Backsteingotik.
Luckenwalde mit seinem alten Burgturm, dem Marktturm und der Pfarrkirche St. Johannes hat heute gut 25000 Einwohner. 1719 hatte Friedrich Wilhelm I. hier Tuchmacher angesiedelt, und diese Industrie spielt auch heute noch eine wichtige Rolle neben der Hutindustrie, die hier seit über 100 Jahren beheimatet ist. Das besondere an Beelitz sind die frühgotische Hallenkirche sowie die »Alte Post«, gebaut zur Zeit der Französischen Revolution (Sanssouci-Saal), die früher als

Die im 17. und 18. Jahrhundert im barocken Stil umgebaute ehemalige Zisterzienser-Klosterkirche von Neuzelle (1268 gegründet), etwa acht Kilometer oderaufwärts von Eisenhüttenstadt gelegen, ist eines der schönsten Zeugnisse ostdeutscher Barockkunst.

Postrelais-Station gedient hat. Treuenbrietzen, heute etwa 7000 Einwohner, soll früher nur »Brietzen« geheißen haben. Doch da die Stadt bei einer Auseinandersetzung zwischen dem Markgraf Waldemar und dem Wittelsbacher Herrscherhaus kaisertreu blieb, wurde sie in »Treuenbrietzen« umbenannt. Treuenbrietzen ist in einer der berühmten Küchenballaden »Mariechen war ein Frauenzimmer« verewigt.

Der östlich von Berlin gelegene Teil der Mark Brandenburg gehört im wesentlichen zum Bezirk Frankfurt/Oder. Nur Prenzlau und Pasewalk (beide Städte gehören mit Templin und Lychen verwaltungsmäßig zu Mecklenburg) sind im Bezirk Neubrandenburg beheimatet, der auch mecklenburgische und pommersche Landesteile umfaßt. Der äußerste Südosten um Cottbus und Guben gehört zum Bezirk Cottbus, zu dem auch einst schlesische und sächsische Gebiete gehörten. Pasewalk ist die nördlichste Kreisstadt in der Mark Brandenburg; der nördliche Teil des Kreises umfaßt noch pommersche Gebiete. Die schachbrettartig angelegte Stadt hat eine bewegte Geschichte hinter sich. Sie wurde 1213 von Brandenburg erobert, erhielt 1240 magdeburgisches Stadtrecht, wurde Hansestadt, wurde an Pommern verpfändet, während des Dreißigjährigen Krieges mehrfach geplündert, später noch von Polen und Russen, kam es 1676 endgültig zu Brandenburg. Mehrere der alten Befestigungstürme sind noch erhalten. Die Hallenkirche St. Nikolai besteht aus Granitquadern.

Die wichtigste Stadt der Uckermark ist Prenzlau mit heute 24000 Einwohnern. Wie Pasewalk ist auch sie von Seen und Wäldern umgeben. Auch in Prenzlau sind drei mächtige Türme der ehemaligen Stadtbefestigung erhalten. Prenzlau, einst Hansestadt, dann pommerisch und schließlich brandenburgisch (1415), verdankt die Wiederbelebung dem Zuzug französischer Hugenotten, die der Große Kurfürst hier ansiedelte. Die 1945 ausgebrannte Marienkirche ist ein großartiges Beispiel mittelalterlicher Backsteingotik. Eine der schönsten Städte in der Mark Brandenburg ist Templin, dessen mittelalterliche Stadtmauer noch vollständig erhalten ist. Das Prenzlauer Tor mit Vortor und Zwinger lockt ebenso die Besucher wie die zahlreichen Seen der Umgebung. Auch das Städtchen Lychen liegt inmitten von Seen und Wäldern; Wahrzeichen ist die mächtige frühgotische Johanneskirche. Der kleine Ort Himmelpfort, von vier Seen umgeben, ist das ganze Jahr über ein beliebtes Ausflugsziel.

Die Städte Angermünde, Joachimsthal und Eberswalde sowie das Kloster Chorin gehören in das Berliner Einzugsgebiet. Angermünde ist ein Zentrum des Zuckerrübenanbaus in der DDR. In dieser Kreisstadt im Süden der Uckermark sind noch große Teile der Stadtbefestigung erhalten, die Stadtmauer mit dem Pulverturm und zwei Türme der ehemaligen Burg. Innerhalb des Kreises Angermünde liegt die inzwischen kreisfreie Stadt Schwedt an der Oder, einstmals das »Potsdam in der Uckermark«, befand sich dort doch ein brandenburgisches Schloß im Stil niederländischen Barocks. Doch die Stadt wurde 1945 fast vollständig zerstört. Mit der Ansiedlung eines Papierkombinats und eines erdölverarbeitenden Werkes (Petrochemisches Kombinat) wurde die Struktur der Stadt vollständig verändert. Über 5000 Kilometer fließt Erdöl aus der Sowjetunion nach Schwedt, das dort zu Benzin, Heizöl und Bitumen weiterverarbeitet wird. Außerdem gibt es in Schwedt ein Stickstoffdüngemittelwerk. Die meisten der 45000 Einwohner leben sechs Kilometer vom alten Ort entfernt in zehnstöckigen »Wohnkomplexen«; Schwedt wird »sozialistische Wohnstadt« genannt.

Joachimsthal ist vor allem wegen des nahen Werbellinsees, der Schorfheide und des Klosters Chorin ein beliebtes Ausflugsziel. Auf Schloß Hubertusstock am Werbellinsee traf 1981 Bundeskanzler Helmut Schmidt den DDR-Staatsratsvorsitzenden Erich Honecker. Am bis zu 50 Meter tiefen Werbellinsee und im Wildrevier der Schorfheide sind gelegentlich auch Seeadler, Kraniche und Schwarzstörche zu sehen. Von der Klosterkirche Chorin, 1334 geweiht und im Dreißigjährigen Krieg teilweise zerstört, ist die Westfassade erhalten, ein frühgotischer Backsteinbau. Im Klosterhof finden im Sommer vielbesuchte Konzerte statt.

Merkmale der Choriner Bauschule weist auch die dreischiffige Backstein-Basilika im südlich gelegenen Eberswalde auf. Hauptanziehungspunkt ist jedoch das Schiffshebewerk Niederfinow östlich von Eberswalde, der größte Schiffsfahrstuhl der Welt mit einem Höhenunterschied von 36 Metern, der 1933 fertiggestellt war.

Im direkten Einzugsbereich Berlins liegen die Kreisstädte Bernau und Straußberg (S-Bahn-Verbindungen). Beide konnten Teile des mittelalterlichen Stadtbildes erhalten. In Straußberg befindet sich das DDR-Verteidigungsministerium.

Auf halbem Wege zwischen Berlin und Frankfurt/Oder liegt Fürstenwalde an der Spree. Markantestes Baudenkmal in der Stadt, die im Dreißigjährigen Krieg und 1945 beim Sturm der sowjetischen Truppen auf Berlin zweimal fast vollständig zerstört wurde, ist die Domkirche der ehemaligen Bischöfe von Lebus, eine aus dem 15. Jahrhundert stammende Backstein-Hallenkirche. Das Rathaus entstand um 1500.

Ihren Namen erhielt die Stadt nach fränkischen Kaufleuten, die sich am Oderübergang ansiedelten. Frankfurt an der Oder, einst preußische Pro-

In Cottbus in der Niederlausitz am südöstlichen Rand des Spreewaldes steht dieses, 1907/08 von Bernhard Sehring errichtete Stadttheater, das als einer der schönsten deutschen Jugendstilgroßbauten gilt.

Nachfolgende Doppelseite:

Östlich von Cottbus liegt der Schloßpark mit dem ursprünglich als Barockbau errichteten, 1850 von Gottfried Semper umgebauten Schloß Branitz.

vinz zu beiden Seiten der Oder, ist bis zur bevorstehenden Bildung der alten Länder Bezirksstadt mit heute 87000 Einwohnern. Der jenseits der Oder gelegene Teil Frankfurts, die Dammvorstadt, gehört heute zur Volksrepublik Polen und heißt Slubice. Frankfurt wurde 1253 zur Stadt erhoben. Sie wurde mehrfach belagert und gebrandschatzt, gehörte unterschiedlichen Herrschaften an, konnte sich aber dennoch als Handelsknotenpunkt am Oderübergang behaupten. Bis 1450 war Frankfurt auch Mitglied der Hanse. Bereits im Jahre 1506 erhielt die Stadt eine Universität, Viadrina geheißen, an der bis 1811 gelehrt wurde, bis sie nach Breslau verlegt wurde. An der Frankfurter Universität studierten Ulrich von Hutten, der in Frankfurt geborene Heinrich von Kleist und die Brüder Alexander und Wilhelm von Humboldt. Eine Gedenk- und Forschungsstätte über Heinrich von Kleist (1777–1811) befindet sich im spätbarocken Gebäude der ehemaligen Garnisonsschule. Sie bezeichnet sich als Spezialmuseum und sieht ihre Aufgabe in der »Pflege des literarischen Vermächtnisses« Kleists »auf der Grundlage der Methoden und Erkenntnisse des historischen Materialismus«. Die Vermittlung von Kenntnissen über den Dichter soll ein »Beitrag zur sozialistischen Persönlichkeitsbildung« sein.

Die Stadt, die im Frühjahr 1945 zur »Festung« erklärt wurde – bereits im Januar hatten sowjetische Truppen die Oder überschritten – wurde fast völlig zerstört. Wiederaufgebaut ist das im spätgotischen Backsteinstil errichtete Rathaus, in dem sich heute auch eine Galerie »Junge Kunst« befindet. Mit der Ansiedlung neuer Industriezweige, vor allem dem Halbleiterwerk, in dem elektronische Bauteile produziert werden, hat die DDR-Führung versucht, der einstigen Beamtenstadt, in deren Umkreis mehrere Garnisonen lagen und liegen, ein mehr proletarisches Gepräge zu geben. 8000 Beschäftigte hat das Halbleiterwerk heute. Außerdem verfügt die Stadt inzwischen über eine Konservenfabrik, über eine Möbelfabrik und über eine Firma, die Stahlfenster produziert.

Mit der Industrialisierung begann auch der Wiederaufbau der schwer zerstörten Stadt. Doch herrschten dabei die Platten-Bauweisen vor, so daß Frankfurt jetzt an vielen Stellen den Charakter einer namenlos wirkenden Neustadt bekommen hat. Vor allem die neuangelegte Karl-Marx-Allee, die vom Platz der Republik in die Lebuser Vorstadt führt, hat wichtige Teile der früheren Altstadt ins Abseits gedrängt, so die Kleist-Gedenkstätte, das Rathaus und die frühere, stark zerstörte ehemalige Franziskanerklosterkirche, eine 1301 geweihte, frühgotische Backstein-Kirche, die in den Besitz der Stadt überging und heute eine Konzerthalle ist. Die St.-Marien-Kirche entstand Anfang des 15. Jahrhunderts, ein spätgotischer Backsteinbau, und brannte 1945 fast vollständig aus. Eine Kapelle ist für den Gottesdienst wiederhergerichtet worden.

Dreißig Kilometer südlich von Frankfurt/Oder liegt Eisenhüttenstadt, 1952 als »Stalinstadt« gegründet, die erste sozialistische Großstadt, von der der erste SED-Generalsekretär Walter Ulbricht einmal sagte, sie werde keinen Kirchturm haben. Einen »Kirchturm« hat Eisenhüttenstadt bis heute nicht, wohl aber einen Kirchenneubau ohne Turm mit einer eigenständigen evangelischen Gemeinde. Beherrschend für das Stadtbild ist das Stahlwerk, das Eisenhüttenkombinat-Ost heißt. Die Hauptstraße der Stadt verbindet die Wohnviertel direkt mit dem Eingang zum Stahlwerk. Nach 1945 gab es in der DDR nur vier veraltete Hochöfen in der Maxhütte nahe von Saalfeld. 1968 wurde dem Eisenhüttenwerk ein Kaltwalzwerk hinzugefügt, 1974 eine Oberflächenveredelung und 1983 ein Konverterstahlwerk, das die österreichische Firma VÖEST-Alpin errichtete. Heute hat das Werk 9000 Beschäftigte. Die an der Oder gelegene Altstadt von Fürstenberg hat Versorgungsfunktionen für die neue Stadt, die seit 1950 kreisfrei ist, übernommen.

Acht Kilometer weiter oderaufwärts liegt das 1268 gegründete Kloster Neuzelle der Zisterzienser. Die im Kern gotische Hallenkirche wurde im 17. und 18. Jahrhundert im barocken Stil umgewandelt und ist damit heute eines der schönsten Zeugnisse ostdeutscher Barockkunst – wenn auch vom Verfall bedroht.

Südwestlich Frankfurt liegt der Spreewald, eine 45 Kilometer lange und zehn Kilometer breite Flußinsellandschaft, die vor allem von den Berlinern (Entfernung gut 100 Kilometer) gern aufgesucht wird. Das für Mitteleuropa einmalige Landschaftsbild des Spreewaldes bilden die Flüsse Spree und Malxe mit ihren Verästelungen. Die »Fließe« sind oft noch heute die einzige Verbindung zwischen den fruchtbaren Feldern, vor allem Gemüsekulturen. Der früher dort vorherrschende Auenwald mußte Wiesen und Feldern Platz machen. In den Orten Lübben, Lübbenau und Burg bestehen Möglichkeiten zur Kahnfahrt durch den Spreewald, an den Anlegestellen der Kähne geht es im Sommer zu wie auf einem Hauptbahnhof zum Berufsverkehr. Zweihundert Kähne fahren gleichzeitig auf den 540 Kilometer langen Wasserläufen. Die Fährleute, auch Gondolieri genannt, staken die Kähne geräuschlos zum Ziel, darunter in das Freiland-Museum Lehde, wo ein ganzes Dorf in der für den über Jahrhunderte typischen Art des Spreewaldes – Bauernhäuser aus geteertem Holz – eingerichtet wurde. Auch die Innenausstattung der Häuser in dem wohl schönsten Spreewaldort besteht aus originalen Haushaltsgegenständen vergangener Jahrhunderte.

Im 40 Kilometer südöstlich von Branitz gelegenen Bad Muskau an der Neiße hat Fürst Pückler einen Landschaftspark anlegen lassen, in dessen Zentrum ein seit 1945 nur noch als Ruine bestehendes Schloß liegt.

Die Pyramide mit dem Grab des Fürsten Pückler (1785–1871) in dem von ihm selbst eingerichteten Schloßpark von Branitz.

Im Spreewald wie in der Lausitz leben auch die Sorben, die einzige Minderheit in der DDR. Die 100000 Einwohner haben Sprache und Kultur über die Jahrhunderte hinweg bewahrt und veranstalten vor allem zu Ostern ihre Feste. Die DDR pflegt sorgsam diese einzige ethnische Minderheit und hat verfügt, daß in der Cottbus-Bautzener Gegend Straßen- und Bahnhofsschilder in Deutsch und in Sorbisch gehalten sind.
Südöstlich von Berlin und nördlich des Spreewaldes befindet sich noch ein ausgedehntes Wald- und vor allem Seengebiet, das von Königswusterhausen bis Teupitz und vor die Tore von Frankfurt/Oder reicht. Der berühmteste Ort in dieser Seenplatte ist Bad Saarow-Pieskow, ein Kurort, der bis 1945 so etwas wie ein Villen-Vorort der Berliner war. Das ist heute noch im Zentrum des Ortes zu erkennen. Bad Saarow-Pieskow ist von Ost-Berlin (Grünau) mit den Schiffen der Weißen Flotte zu erreichen. Vorbestellung ist dringend angeraten, weil die Schiffe meist von Gesellschaften ausgebucht sind. Das gilt in der ganzen DDR!
In Buckow steht das Landhaus, in dem der Dichter Bertolt Brecht arbeitete.
Im südlichen Teil der Mark Brandenburg liegen die Städte Cottbus und Peitz. Cottbus ist Bezirksstadt; erst die Ernennung zur Bezirksstadt hat aus Cottbus eine Großstadt gemacht. Die Einwohnerzahl hat sich seit 1950 mehr als verdoppelt und zählt heute 128000 Menschen. Wer kennt noch den Zungenbrecher »Der Cottbusser Postkutscher putzt den Cottbusser Postkutschkasten«?
Die größte Stadt der Niederlausitz wurde 1126 als »Chotibuz« erstmals urkundlich erwähnt; der sorbische Name für die Stadt ist Chosebuz. Der Kurfürst Friedrich II. von Brandenburg kaufte den Flecken an der Spree im Jahre 1445. Zehn Jahre lang, von 1803 bis 1813, gehörte die Stadt zum Königreich Sachsen. Schon zu Beginn der Neuzeit hatten sich Tuchmacher aus Cottbus hohes Ansehen über die Stadtgrenzen hinaus erworben. Noch heute ist die Textilindustrie ein wichtiger Wirtschaftszweig der Stadt, auch wenn die Braunkohlenindustrie ihr den Rang abgelaufen hat. Im Bezirk Cottbus befinden sich die größten Braunkohlenvorräte der DDR; ganze Dörfer sind bereits von der Landkarte verschwunden, viele sollen noch folgen. Außerdem gibt es in der Stadt Betriebe zur Herstellung von Elektronik und Nahrungsmitteln. Bei den erbitterten Kämpfen zum Ende des Zweiten Weltkrieges erlitt Cottbus schwere Schäden; so wurden das Rathaus und das ehemalige Lyceum zerstört und abgetragen. Die Nikolaikirche, ein Backsteinbau aus dem Beginn des 15. Jahrhunderts, ist das Wahrzeichen der Stadt. Sie brannte 1945 aus und wurde danach wieder aufgebaut. Neben dieser dreischiffigen Hallenkirche hat Cottbus noch die Wendische Kirche, eine frühgotische Backsteinkirche (14. Jh.), die die Franziskaner errichteten.
Die Stadtbefestigung aus dem 15. Jahrhundert und mehrere in die Mauer eingebaute Wiekhäuser mit dem Spremberger Turm und dem Münzturm haben die Zerstörung weitgehend überstanden. In der Sandower Straße und am Altmarkt sind einige Bürgerhäuser aus dem 17. Jahrhundert erhalten. Besonders zu nennen ist das Stadttheater, ein 1908 von Bernhard Sehring errichtetes Gebäude, das zu den bedeutendsten Jugendstilbauten auf dem Gebiet der DDR gehört.
Östlich der Stadt befindet sich das Schloß Branitz (ursprünglich ein Barockbau), den der Baumeister der Dresdner Semperoper, Gottfried Semper, 1850 umgebaut hat. Im Landschaftspark birgt eine Pyramide das Grab des Fürsten Pückler (1785–1871), der den Park errichten ließ. Fürst Pückler ließ auch im vierzig Kilometer südöstlich gelegenen Bad Muskau an der Neiße einen weiträumigen Landschaftspark errichten, dessen Ausgangspunkt das seit 1945 nur noch als Ruine bestehende Schloß ist. Die Parkanlagen von Bad Muskau gelten als besonders gelungenes Beispiel der Gartenbaukunst des 19. Jahrhunderts. Das Pückler-Eis führt seinen Namen im übrigen auch auf den Fürsten zurück.
Nördlich von Cottbus liegt die ehemalige Festung Peitz (16. Jahrhundert), von der nur noch der Backsteinturm und die Kasematten erhalten sind. In den Peitzer Teichen gibt es die größte Karpfenzucht in der DDR.

An den Anlegestellen der Kähne auf den Flüssen Spree und Malxe im Spreewald, wie hier in Lübbenau, herrscht im Sommer Hochbetrieb, wenn im ganzen Spreewald auf rund 540 Kilometer langen Wasserlaufen gleichzeitig etwa 200 Kähne von »Gondolieri« mit Stangen vorwärts gestakt werden.

Ost-Berlin

von den »Mauerträumen« bis zur »Nacht der Nächte«

Von Osten Blick auf das Ende der Straße Unter den Linden über das Brandenburger Tor hin nach West-Berlin.

»Ach, es wäre alles um so vieles einfacher, wenn Berlin nicht an der Spree, sondern in der Lüneburger Heide läge.« Dieser Stoßseufzer entfuhr einem westdeutschen Unterhändler nach einer besonders schwierigen Verhandlungsphase mit der DDR-Regierung. Das geteilte Berlin, das von einer 167 Kilometer langen Mauer umgebene West-Berlin oder, wie es in offiziellen Dokumenten beider Seiten schließlich hieß »Berlin (West)«, hat nicht nur die Unterhändler, sondern die Deutschen im Westen und Osten immer wieder an die offene deutsche Frage erinnert. »Die deutsche Frage ist offen, solange das Brandenburger Tor zu ist«, hieß ein geflügeltes Wort in beiden Teilen Berlins.

Die Mauer in Berlin machte es unmöglich, daß sich die Menschen einfach ihren Alltagsproblemen zuwandten; weder im Osten noch im Westen konnten sie es. Allein fünfundzwanzig Millionen Transitreisende von und nach West-Berlin erlebten Jahr für Jahr die Kontrollen auf der Autobahn, mußten Slalom fahren und warten, bis sie abgefertigt waren – und sahen dabei womöglich, wie ein Schäferhund die Leiter an einem Tankwagen hinaufkletterte und nach Menschen suchte. Drei Millionen Eisenbahnreisende konnten auf den Grenzstationen, wenn sie aus dem Fenster schauten, sehen, wie ein Schäferhund unter dem Zug hindurchkroch, vom ersten bis zum letzten Wagen. Wenn sie auf der Reise von Berlin (West) ins Bundesgebiet fuhren und dabei schon am Bahnhof Friedrichstraße, der in Ost-Berlin liegt, dessen Fernbahnsteig aber nur von Westen aus zugänglich war und nur für Menschen aus der DDR, denen die Regierung die Westreise gestattet hatte, einstiegen, mußten sie an einer weißen Linie, einen Meter von der Bahnsteigkante entfernt, auf ein Zeichen der Grenztruppen warten, bis sie den Zug besteigen durften. In der Zwischenzeit durchsuchten andere Grenzsoldaten den Zug, der vom Ost-Berliner Rangierbahnhof kam, Wagen um Wagen, Luke um Luke. Selbst als im harten Winter 1979/1980 der Strom so ziemlich in der ganzen DDR abgedreht wurde, war die Grenze hell erleuchtet. Selbst Flugzeuginsassen konnten bei schönem Wetter die eingemauerte Stadt, und wenn sie nachts kamen, das hellerleuchtete West-Berlin und das ziemlich dunkle Ost-Berlin unter sich sehen. Bei einem Flug nach Berlin hatte mir ein DDR-Journalist eine dreiviertel Stunde lang die Vorzüge einer sozialistischen Gesellschaft angepriesen. Wir flogen über Potsdam, über die Mauer nach West-Berlin und bei Kreuzberg über die Mauer nach Ost-Berlin und in Pankow erneut über die Mauer bis zur Landung in Tegel. Als die Maschine ausgerollt war, schüttelte der Journalist aus der DDR erst den Kopf, dann sagte er unvermittelt: »Was auch immer aus dem Sozialismus wird, so kann es in Berlin nicht bleiben. Das ist Wahnsinn!« Mir fiel der Satz wieder ein, als ich in der »Nacht der Nächte«, der Nacht vom 9. zum 10. November 1989, als die 28 Jahre so undurchdringliche Grenze plötzlich für alle passierbar war, dabei war. Neben mir, vor mir, hinter mir hörte ich immer wieder einen Ausruf: »Das ist Wahnsinn.«

Die West-Berliner führten ihre Gäste an die Mauer; die Ost-Berliner taten das gleiche, abgefunden haben sie sich nie mit der Teilung durch das Herz der Stadt – und sie haben mit diesen Spaziergängen Politik gemacht. Am Brandenburger Tor auf der Ostseite war die Mauer zu besichtigen. Gepflegte Blumenkästen sollten den brutalen Eindruck mildern. Plötzlich fragt dort ein etwa achtjähriger Steppke: »Mama, warum stehen die Soldaten da?« Die Frau zögert einen Moment, dann spricht sie erst langsam, dann immer schneller: »Die Soldaten, die Soldaten, die stehen da, damit keiner von drüben hierher kommt und keiner von hier nach drüben geht.« Die Umstehenden können sich ein Grinsen nicht verkneifen. Da fährt die Frau den Erstbesten an: »Dann erklären sie doch dem Jungen, was hier los ist!« Alle gehen betreten weg.

Szenenwechsel: Vom Bahnhof Flughafen Schönefeld fährt die S-Bahn eine S-Kurve um die West-Berliner Stadtteile Britz und Rudow, um dann über Baumschulenweg zum Ostkreuz zu kommen. Mein Gegenüber, ein Sechzehnjähriger, sieht wie gebannt auf die weiße Wand, die direkt hinter dem Bahndamm verläuft und fragt dann ahnungsvoll: »Was ist das? Ist das die Mauer?« Überrascht fügt er hinzu: »Daß man so nah rankommt, das habe ich mir nicht vorgestellt. Ich hab' ja die Mauer noch nie gesehen. In Güstrow kennt man sie nur vom Hörensagen.«

»Tränenpalast« haben die Berliner den Glaspalast genannt, über den die »Ausreise« von Ost- nach West-Berlin erfolgt. Tausende kleiner Ost-Berliner Kinder nahmen an, daß in diesem Gebäude,

Blick vom Nikolai-Viertel auf den Fernsehturm am »Alex«.

Blick auf das moderne Stadtzentrum von Ost-Berlin: ganz links das Schloß mit Schloßbrücke an der Spree; von rechts nach links: Fernsehturm am Alexanderplatz, das nach seinem roten Backstein benannte Rote Rathaus und das Nikolai-Viertel.

Das von Karl Friedrich Schinkel 1818 bis 1824 erbaute Schauspielhaus am Gendarmenmarkt (heute Platz der Akademie).

Die im Jahre 1798 als Zugbrücke errichtete Jungfernbrücke ist das letzte erhaltene Beispiel dieses früher in Berlin und der Mark Brandenburg weit verbreiteten Brückentyps.

An der Nordseite des barock geprägten Platzes der Akademie (früherer Name: Gendarmenmarkt) steht der Französische Dom, 1701 bis 1705 von Louis Cayart für die französische Gemeinde nach dem Vorbild der 1624 erbauten und 1688 zerstörten Hauptkirche der Hugenotten in Charenton errichtet (1905 umgebaut); im Vordergrund das Schiller-Denkmal von Reinhold Begas.

das sie nicht betreten durften, Opa und Oma wohnten. Wenn Opa und Oma dann nach drei oder vier Tagen wiederkamen, brachten sie Bananen und Apfelsinen, Spielzeug und ein Päckchen Kaffee mit, alles Dinge, die es auf der Ostseite der Mauer überhaupt nicht oder doch nur sehr selten und zu kaum erschwinglichen Preisen gab.

»Mauerträume« hatten viele Menschen in der DDR, vor allem in Ost-Berlin. Einen dieser Träume beschreibt der Ost-Berliner Schriftsteller Rolf Schneider so: »Ich hatte jahrelang im deutschen Westen gearbeitet, arbeiten müssen, da eine mich betreffende Abstrafung in der DDR, wegen bestimmter Veröffentlichungen, mich zur Unperson gemacht hatte. Seither gehörten Grenzübertritte zu meinem Alltag. Die Umstände verfolgten mich bis in meine Träume. Einer handelte davon, daß ich im Niemandsland der deutsch-deutschen Grenze plötzlich allein stand, die Betontore wurden auf immer geschlossen, die Abfertigungshäuser zeigten sich menschenleer, sie zerbröckelten, ich stand vergessen und fröstelnd, inmitten von immer höher schießendem Unkraut, ich erlebte meinen körperlichen Zerfall und sah dem rieselnden Staub zu.«

Einen Traum, der gut ausging, erzählte einmal eine sechzehnjährige Ost-Berlinerin. Sie hatte geträumt, an der Ostseite der Mauer zu stehen, als sich die Mauer wie von Geisterhand plötzlich öffnete. »Ich bin aber nicht gleich hindurchgerannt. Ich bin, so schnell ich konnte, nach Hause gelaufen, habe Vater und Mutter Bescheid gesagt und dem Bruder, habe an allen Türen im Haus geklingelt und dann sind wir alle, wie wir waren, losgelaufen.«

So oder ähnlich ist es auch in der »Nacht der Nächte« zugegangen. Ganze Familien gingen nachts um eins über die Grenze, hin und zurück und noch einmal hin und zurück, so als wollten sie nicht glauben, daß möglich war, was ihnen 28 und ein viertel Jahr verwehrt war. Trotz der frühen Morgenstunde hatten die Menschen, den Mantel über das Nachthemd gezogen, die Kinder an die Hand genommen oder trugen sie sie auf den Schultern. Später werden sie den größer Gewordenen dann sagen, in der Nacht, als die Grenzen aufgingen, da wart ihr dabei. Dialog in jener Nacht: »Die Bretter sind weg! 28 Jahre habe ich darauf gewartet!« – Frage: »Wie alt bist du?« – Antwort: »26!«

Doch Mauerträume, Schäferhunde unter Zügen oder auf Lastwagen, Tote an der Mauer – das ist Geschichte. Zu Zehntausenden strömten die Menschen durch das Brandenburger Tor, das Symbol der Teilung, als dort ein Übergang eingerichtet wurde, am 22. Dezember 1989. Tausende schauten aber auch zu, als in der Nacht zum 20. Februar 1990 Teile der inzwischen von »Mauerspechten« (Souvenirjägern, die mit Hammer und Meißel Mauerstücke Tag und Nacht herausklopften) arg ramponierten Mauer zwischen Reichstag und Potsdamer Platz abgetragen und durch einen Zaun ersetzt wurden.

Freilich, auch die Ost-Berliner hatten mit ihrer Großdemonstration am Vormittag des 4. November, an der bis zu einer Million Menschen mit eigenen Transparenten (im SED-Staat war bei den bestellten Großkundgebungen der Text eines jeden Plakats vorgegeben; über Lautsprecher wurden die Hurra-Rufe intoniert) ihren Freiheitswillen offen bekundeten.

Das Brandenburger Tor, 28 Jahre lang mit einer »Panzermauer« verschandelt, ist wieder Mittelpunkt der Stadt, die 1987 ihr 750jähriges Bestehen in beiden Teilen feierte. 1237 wurde der Pfarrer Simeon von Cölln in einer Urkunde erwähnt, die sich heute im Brandenburger Dom befindet. An beiden Ufern der Spree lag die Doppelstadt Berlin und Cölln, die erst 1709 zu einer Einheit zusammengeschlossen wurde. Da der heutige Stadtteil Mitte zu Ost-Berlin gehört, ist das historische Berlin vollständig Teil der Halbstadt, die jahrzehntelang Hauptstadt der DDR genannt wurde und auch die Funktion einer Hauptstadt für den zweiten deutschen Staat übernommen hatte. Das war Teil einer langfristigen Strategie, um damit Ost-Berlin aus dem die ehemalige Reichshauptstadt Berlin betreffenden Vier-Mächte-Status herauszulösen. Schon 1948 gab es die Blockade der West-Sektoren, 1952 wurde der Straßenbahnverkehr unterbrochen, 1961 mit dem Bau der Mauer die Bindungen zwischen Ost- und West-Berlin ganz gekappt. Am 28. Juni 1979 wurden die Berliner Abgeordneten der Volkskammer, dem in einer von der SED angeführten Einheitsliste bestimmten Parlament mit »Wahlergebnissen« von 99,9%, erstmals direkt »gewählt«.

In seiner wechselvollen Geschichte wurde Berlin 1359 Hansestadt und dokumentierte damit seine Wirtschaftskraft. Aus dieser Zeit stammen auch die ältesten Kirchen der Stadt, die Nikolai- und die Marienkirche. Die Nikolaikirche dient heute als Museum, nachdem sie im Zweiten Weltkrieg schwer zerstört wurde. Die Marienkirche, die ganz im Schatten des 1963 errichteten Fernsehturms steht, ist die Bischofskirche des Oberhirten der Evangelischen Kirche von Brandenburg. 1411 setzte Kaiser Sigismund das Geschlecht der Hohenzollern als brandenburgische Markgrafen ein. 75 Jahre später wurde Berlin die Residenzstadt der hohenzollerschen Kurfürsten. Seit 1443 ist das hohenzollersche Stadtschloß entstanden, das dann 1950/51 abgerissen wurde, angeblich weil das durch Bombenangriffe geschädigte Schloß nicht wiederaufzubauen sei, tatsächlich wohl eher, weil die kommunistische Staatsführung auf dem Marx-

Engels-Platz auf der Spreeinsel einen Aufmarschplatz für Paraden und bestellte Demonstrationen benötigte. Der weit schwerer zerstörte Dom, der 1905 von Kaiser Wilhelm II. eingeweiht worden war, wurde jedenfalls zu Beginn der achtziger Jahre wieder restauriert. Die DDR-Führung erinnerte sich aber daran, daß der Reichstagsabgeordnete Karl Liebknecht am 8. November 1918 vom Balkon des Stadtschlosses die »sozialistische Republik« ausgerufen hatte, nur wenig später, nachdem der Sozialdemokrat Philipp Scheidemann am Reichstag (Wallot-Bau) die Republik und damit das Ende des Deutschen Kaiserreichs proklamiert hatte. So wurde eines der Portale, das Eosander-Portal, originalgetreu nachgebaut und als Eingang in das Gebäude des Staatsrats eingebaut.

Die Reformation kam 1539/40 nach Berlin, obwohl Luthers Stadt Wittenberg nicht einmal hundert Kilometer südlich der preußischen Metropole lag, damals aber zu Sachsen gehörte. Während des Dreißigjährigen Krieges war Berlin zur Festungsstadt ausgebaut worden – und solche Herrscherentscheidungen bekommen den betroffenen Städten in aller Regel, so auch hier, schlecht. Der Aufschwung kam erst nach 1685, als der Große Kurfürst mit dem Edikt von Potsdam den französischen Glaubensflüchtlingen, den Hugenotten, eine neue Heimat anbot. Über 6000 protestantische französische Gläubige, die in ihrer Heimat verfolgt wurden, ließen sich damals in Berlin nieder. Gut zehn Jahre später war jeder fünfte Berliner ein Mensch französischer Abstammung. Der Französische Dom am Gendarmenmarkt, der unter der SED-Herrschaft in Platz der Akademie umbenannt wurde, gehört noch heute dem Staat, die Kirche hat für die kirchlichen Räume ein Nutzungsrecht. Der Zuzug der Hugenotten brachte jedenfalls der Stadt Aufschwung, zahlreiche Handwerkerfamilien, darunter allein 42 Goldschmiede, aber auch Ärzte und über hundert Kaufleute kamen bereits mit der ersten Hugenotten-Welle nach Berlin; Namen wie de Maziere, Fontane, Mariage legen davon Zeugnis ab – ebenso die »Bulette«. Zu dieser Zeit wurden die neuen Stadtteile Friedrichswerder, Dorotheenstadt und Friedrichstadt gebaut. Die Barockbaumeister Andreas Schlüter und Eosander von Göthe erweiterten das Schloß.

Nach Plänen des Baumeisters Friedrichs des Großen, Georg Wenzeslaus von Knobelsdorff, wurde das »Lindenforum« gebaut, das Opernhaus, und das Palais des Prinzen Heinrich (heute die nach den Brüdern Alexander und Wilhelm von Humboldt benannte Universität). Schon im Jahre 1700 gründete der Philosoph, Mathematiker und Staatsmann Gottfried Wilhelm Leibniz (1646–1716) die Akademie der Wissenschaften. Ein Jahr später hielt Friedrich I. »begleitet von 63 sechsspännigen Kutschen« nach seiner Krönung mit viel Pomp Einzug in Berlin. 1735 erhielt Berlin (25 Jahre, nachdem es aus den Städten Berlin, Kölln, Friedrichswerder zusammengelegt worden war) eine Stadtbefestigung. Dadurch sollte zum einen das Eintreiben der Steuern erleichtert, aber auch das Desertieren der Soldaten erschwert werden, denn die waren meist mit Gewalt zum Militär gepreßt worden. An die Stadtbefestigung erinnert noch der Name »Mauerstraße«, die direkt auf die heutige Mauer zuführt; die 1961 errichtete Mauer verläuft zum Teil auf der alten Stadtbefestigung. So konnte der Schriftsteller Heinz Knobloch in seinem Roman »Herr Moses in Berlin« schildern, wie der Jude Moses Meldelssohn in die Stadt hineinzukommen versuchte, während die Leser genau an diesen Stellen bis zum 9. November 1989 vergeblich versuchten, aus der Stadt herauszukommen.

1709 hatte die neue Stadt 57000 Einwohner, hundert Jahre später waren es bereits 172000, oft von den Manufakturen gesuchte billige Arbeitskräfte, die in Massenquartieren, später in den berüchtigtsten Familienhäusern und in Arbeiterkasernen untergebracht waren, deren Zustände Bettina von Arnim 1850 so drastisch schilderte. Berlin entwickelte sich auch zu einem kulturellen Zentrum. Der Berliner Buchhändler, Verleger und Schriftsteller Christoph Friedrich Nicolai – sein Haus in der Brüdernstraße steht noch – und sein Freundeskreis mit dem jüdischen Philosophen Moses Meldelssohn und dem Dichter Gotthold Ephraim Lessing waren die Vertreter der Aufklärung in Berlin. Die Zeitschriften »Briefe, die neueste Literatur betreffend« und die »Allgemeine Deutsche Bibliothek« erschienen bei Nicolai. Lessings »Minna von Barnhelm« wurde in Berlin uraufgeführt. Iffland führte Schillers Dramen auf. Die Charité wurde als ärztliche Ausbildungsstätte gegründet. Maler wie Daniel Chodowiecki, Theodor Hosemann, Eduard Gärtner, der Bildhauer Johann Gottfried Schadow, der Schöpfer der Quadriga auf dem Brandenburger Tor, und Christoph Daniel Rauch führten die Berliner Kunst zur Blüte. In der Literatur machten Johann Ludwig Tieck, die Brüder August Wilhelm und Friedrich Schlegel, Heinrich von Kleist, E.T.A. Hoffmann und Adalbert von Chamisso von sich reden. 1810 setzt Wilhelm von Humboldt die Universitätsgründung durch, die Charité, schon hundert Jahre alt, wird Universitätsklinik. 1806, als das französische Heer unter Napoleon I. die Preußen bei Jena und Auerstedt besiegt hatte, zog der Korse in Berlin ein, residierte im Schloß und verhängte die Kontinentalsperre gegen England.

Von Berlin ging der Ruf zum deutschen Nationalstaat aus, zur Befreiung von den Franzosen. Fichte hielt hier seine »Rede an die deutsche Na-

Im Morgenlicht der Dom in Berlin am Marx-Engels-Platz, der im pompösen Stil der Wilhelminischen Ära zwischen 1893 und 1905 von Julius Raschdorff erbaut, im Zweiten Weltkrieg zerstört und von 1975 bis 1980 wieder aufgebaut wurde. In der Hohenzollerngruft des Doms liegen die von Andreas Schlüter gestalteten Sarkophage von Königin Sophie Charlotte, König Friedrich I. und Prinz Friedrich Ludwig, weiter der von Peter Vischer d.Ä. stammende Sarkophag des Kurfürsten Johann Cicero und die von Johann Michael Döbel ausgeführten Sarkophage von Kurfürst Friedrich Wilhelm (dem Großen) und seiner zweiten Gemahlin Dorothea von Holstein-Glücksburg.

tion«. Jubelnd werden 1813 die russischen Truppen empfangen. König Friedrich Wilhelm III. führt gegen Napoleon Krieg bis zum Sieg in der Völkerschlacht bei Leipzig und schließlich bei Waterloo. Nach der Restauration – 1815 war Preußen durch den Wiener Kongreß erheblich vergrößert worden (preußische Provinz Sachsen) – kommt es 1848 zur Revolution, ausgelöst durch eine Versammlung am 18. März vor dem Schloß. Heftige Kämpfe zwischen Bürgern und Soldaten lassen den König tags darauf den Befehl zum Rückzug erteilen. Auf dem Schloßbalkon zog er den Hut vor den Toten. Doch 1849 wurden die Revolutionäre ihrerseits besiegt.

1871 wird Berlin Reichshauptstadt, nach der Gründung des Deutschen Kaiserreichs in Versailles am 18. Januar. Die Stadt hatte ihre Einwohnerzahl seit 1850 fast verdoppelt – auf über 800 000 Menschen. Die Gründerzeit brachte fieberhafte Bautätigkeit, aber auch die »Mietskasernen« für die, die mit der Entwicklung nicht Schritt halten konnten, die obdachlos wurden, weil sie dem Mietwucher zum Opfer gefallen waren. Berlin wurde die größte Industriestadt Mitteleuropas, zahlreiche Industriestandorte wurden in den Vorstädten (vor allem im Osten) angelegt. Politische und wirtschaftliche Entscheidungen für Deutschland fielen in Berlin, auch das drei Jahre geltende Verbot der SPD, das 1890 mit der Abdankung Bismarcks als Reichskanzler aufgehoben wurde. Berlin war Finanzzentrum, Zeitungsstadt und Theatermetropole (Deutsches Theater); in der Wilhelminischen Ära entstanden Repräsentativbauten, die das Stadtbild prägten: neben dem Dom der Reichstag oder die Gedächtniskirche. 1920 entstand nach dem Ersten Weltkrieg Groß-Berlin mit 4,3 Millionen Menschen auf 883 Quadratkilometern seiner heutigen Gestalt. 1921 wurde die Avus als erste deutsche Autobahn gebaut, das Messegelände am Funkturm wurde fertig, der Rundfunk sendete ab 1923.

Am 30. Januar 1933, dem Tag der Machtergreifung der Nationalsozialisten, brannten unter dem Brandenburger Tor die Fackeln der Hitler-Anhänger, am 27. Februar 1933 brannte der Reichstag, am 10. Mai 1933 brannten Bücher »wider den deutschen Geist«, am 9. November 1938 brannten die Synagogen Berlins und jüdische Geschäfte wurden geplündert. In Berlin wurde die Judenvernichtung geplant, bis dann zum Ende des Zweiten Weltkrieges Berlin brannte. Am 2. Mai 1945 war für Berlin der Krieg zu Ende, schon am 21. April hatten sich amerikanische und sowjetische Truppen in Torgau an der Elbe getroffen. In Berlin war kaum mehr ein Stein auf dem andern.

Nach der Spaltung der Stadt 1948/49 (»Berliner Blockade«, nach Einführung der DM in den Westsektoren) durch sowjetische Truppen nahm der Ostsektor eine eigenständige Entwicklung. Viereinhalb Monate nach der Gründung der Bundesrepublik wurde am 7. Oktober 1949 die DDR gegründet. Am 17. Juni 1953 demonstrierten Arbeiter in Berlin und anderen Städten, zogen über die Stalin-Allee (heute Karl-Marx-Allee) zum Potsdamer Platz. Sowjetische Truppen mußten eingreifen. Mit dem Bau der Mauer 1961 wurde der Ostteil vom Westteil abgeriegelt. Berlin war seit 1949 Gradmesser des Verhältnisses der Supermächte. Mit dem Berlin-Abkommen 1971 (Sowjetbotschafter Pjotr Abrassimow: »Ende gut – alles gut«) wurde der Entspannungspolitik sichtbarer Ausdruck verliehen. Beide deutschen Staaten richteten in Ost-Berlin und Bonn jeweils Ständige Vertretungen ein. Unterbrochene Kontakte wurden wiederaufgenommen. Seit 1986 wurde der Personenkreis der DDR-Bürger, die den Westen besuchen durften, erheblich erweitert. Zugleich demonstrierten Hunderttausende Ausreisewillige für ein Zusammengehen der Deutschen. Am 9. November 1989 schließlich wurden die Grenzen geöffnet, die Deutschen begaben sich auf den Weg zur staatlichen Einheit.

Seit dem 22. Dezember 1989 ist Ost-Berlin wie vor dem 13. August 1961 wieder durch das Brandenburger Tor zu betreten, bisher nur für Fußgänger und Radfahrer. Tausende Berliner und Touristen aus Ost und West flanieren seitdem wieder die Straße Unter den Linden entlang. Über dieses Stadttor, das so viele Jahre Symbol der Teilung war, schrieb dessen Architekt Gotthard Langhans 1790: »Die Lage des Brandenburger Tores ist in ihrer Art unstreitig die schönste von der ganzen Welt.« Das Tor entstand 1789/91 in freier Anlehnung an die Propyläen der Akropolis in Athen mit zwölf dorischen Säulen als prachtvoller Abschluß der Straße Unter den Linden. Es ist 26 Meter hoch, 65,5 Meter breit und elf Meter tief. Es hat fünf Durchfahrten und zwei Torhäuser; die mittlere, breiteste Durchfahrt war bis 1918 der königlichen/kaiserlichen Familie vorbehalten. Den »Platz vor dem Brandenburger Tor« nannten die Berliner Karree. Dieses Karree war ebenso 28 Jahre unzugänglich wie der Pariser Platz. Die unter ihm fahrende Stadt-Bahn fährt an dieser Station noch durch, hält erst am Bahnhof Friedrichstraße. Am Pariser Platz stand einmal die US-Botschaft, die im Krieg zerstört wurde. Rechts an der ehemaligen Wilhelmstraße, die zu SED-Zeiten Otto-Grotewohl-Straße heißt, stehen noch Reste des Hotels Adlon. An der Wilhelmstraße waren die Schaltzentralen des Reiches: die Reichskanzlei, das Präsidentenpalais und der Sitz der preußischen Regierung. Der Reichstag, zweihundert Meter neben dem Brandenburger Tor, steht auf West-Berliner Gebiet unmittelbar an der früheren Mauer.

Der Märchenbrunnen am Eingang des Volksparks Friedrichshain am gleichnamigen Ost-Berliner Bezirk auf dem Gebiet des einstigen Dorfes Stralau wurde 1913 fertiggestellt. Die Brunnenfiguren stammen von dem bayerischen Künstler Ignaz Taschner.

Die in Ost-Berlin gelegene Straße Unter den Linden hat ihren historischen Charakter bewahrt bzw. durch Wiederaufbau nach 1945 zurückgewonnen. Im Bild rechts das Scharnhorst-Denkmal (von Christian Daniel Rauch, restauriert), links das Ehem. Zeughaus, heute Museum für Deutsche Geschichte.

Nachfolgende Doppelseite:

Abendstimmung in dem beliebten Ausflugsziel Schmöckwitz in Köpenick, zwischen Seddin-, Zeuthener und Langem See gelegen.

In der Reichskanzlei hatte die NS-Führung den »Führerbunker« tief in die Erde hinein errichten lassen. Im Sommer 1988 wurden alle Überreste des einstigen Bunkers beseitigt und ein Hochhaus-Komplex in Kästchen-Architektur hingestellt.
Von der einstigen Schönheit der Straße Unter den Linden ist nicht viel übriggeblieben nach den schweren Zerstörungen im Zweiten Weltkrieg. Rechts wurde 1950 die sowjetische Botschaft im Zuckerbäcker-Stil errichtet, als erstes Haus nach 1945 in dieser Straße; an der gleichen Stelle befand sich auch die einstige Russische Botschaft im ehemaligen Palais der Prinzessin Amalie. Zwischen Brandenburger Tor und Friedrichstraße, der ehemaligen Amüsierstraße Berlins, wirken die Linden heute eher öde. Erst am ehemaligen Opernplatz, dem heutigen Bebelplatz, ändert sich der Eindruck: Am Lindenforum sind wichtige Gebäude Alt-Berlins erhalten geblieben oder wurden wieder aufgebaut; so die 1810 gegründete Universität im ehemaligen Prinz-Heinrich-Palais (erbaut 1748–53), das eigentlich ein zweites Königsschloß hatte werden sollen, vermutlich nach Plänen von Knobelsdorff unter Bauleitung von Johann Boumann d. Ä. Erster Rektor war Fichte; hier studierten auch Karl Marx und Lenin. Die Liste der Wissenschaftler, die hier wirkten, ist lang: die Philosophen Hegel, Schleiermacher und Feuerbach, die Literaten Jacob und Wilhelm Grimm, die Physiker Helmholtz, Max Planck, Albert Einstein, Max von Laue und Otto Hahn, die Mediziner Rudolf Virchow, Robert Koch und Ferdinand Sauerbruch. Die Bildhauer Reinhold Begas und Paul Otto schufen die Denkmäler der Brüder Humboldt, die rechts und links vor dem Uni-Haupteingang stehen. Die auf roter Marmorwand im Treppenhaus zu lesenden Worte von Karl Marx: »Die Philosophen haben die Welt nur verschieden interpretiert. Es kommt darauf an, sie zu verändern«, haben heute eine ganz neue Bedeutung erhalten.
Neben der Universität befindet sich die Staatsbibliothek, zwischen 1903 und 1914 dort erbaut, wo früher das Gebäude der Akademie der Wissenschaften stand. Über 6 Millionen Bücher lagern in ihren Räumen, 80000 kommen jedes Jahr hinzu. Mittelpunkt des Lindenforums ist die ehemalige Königliche Hofoper, die heute Deutsche Staatsoper heißt. Erbaut wurde das Haus, das 1945 fast völlig abbrannte und nach den alten Plänen wiederaufgebaut wurde, in den Jahren 1741 bis 1743 nach Plänen des Baumeisters Georg Wenzeslaus von Knobelsdorff. Es gleicht einem korinthischen Tempel. Die Innenräume des klassizistischen Baus sind im Stil des höfischen Rokoko gehalten. Vor hundert Jahren kostete der Platz im ersten Rang 2 Reichstaler, die Loge 32 Taler.
Im Süden des Forums steht die Hedwigskathedrale, die katholische Bistumskirche. Das römische Pantheon war Vorbild für den Bau, der 1747 für die katholische Minderheit in Berlin begonnen wurde. Da die Gemeindeglieder das Geld selbst aufzubringen hatten, wurde das Gotteshaus erst 1773 fertig. Die Bauform, die die katholische Liturgie nicht berücksichtigt, war mit königlicher Order Friedrichs des Großen befohlen worden. Sein Reiterstandbild, geschaffen von Christian Daniel Rauch, steht seit 1980 wieder in der Mitte der Straße Unter den Linden. Zuvor war es nach dem Ende des Zweiten Weltkrieges eingemauert worden, denn der Staat Preußen und Friedrich II. galten als die Wurzel allen Übels, das von Deutschland über die Welt gekommen war; 1950 fand das Denkmal im hinteren Teil des Parks von Sanssouci in Potsdam vorübergehend einen Platz. Das Schicksal des Friedrich-Denkmals hat der DDR-Schriftsteller Hermann Kant zum Thema seines Romans »Bronzezeit« gemacht; da freilich wurde der Pferdekörper auseinandergeschweißt, eine Hälfte diente als Teich beim »VEB Ordonnez«, eine deutliche Anspielung auf die Ordensproduktion in der SED-DDR, die nach Honeckers Ablösung abgeschafft wurde.
Die »Kommode« ist der jüngste Bau des Lindenforums; erbaut von 1775 bis 1780 als Königliche Bibliothek. Wegen der geschwungenen Fassade erhielt das Haus von Anfang an im Volksmund den Spitznamen; es wurde im Zweiten Weltkrieg schwer zerstört, aber wieder aufgebaut.
Auf dem Bebelplatz wurden am 10. Mai 1933 in der Nazi-Aktion »Wider den undeutschen Geist« Bücher der Autoren Brecht, Feuchtwanger, Freud, Kästner, Kautsky, Karr, Kisch, Heinrich und Thomas Mann, Karl Marx, von Ossietzky, Plivier, Remarque, Tucholsky und Zweig verbrannt. Alljährlich am zweiten September-Wochenende finden dort Gedenkveranstaltungen für die Opfer des Faschismus statt.
Einmal hielt dort der ehemalige Staatssicherheitsminister Erich Mielke eine Rede und bezeichnete die DDR als »Hort der Freiheit«. Mielke blamierte sich auf der Volkskammersitzung Anfang November 1989, als er den Abgeordneten zurief: »Ich liebe Euch doch alle.« Er muß sich wegen Amtsmißbrauchs, Korruption und persönlicher Bereicherung verantworten, unterstanden ihm doch mehrere Ferienobjekte der Staatssicherheit zur privaten Nutzung.
Das Reiterstandbild Friedrichs II. schaut nach Osten, sehr zum Mißfallen der polnischen Regierung, die ihn lieber gen Westen hätte reiten sehen. Doch sein Blick ruht auf dem, wie man in der alten DDR meinte, »Schmuckstück des Staates«, von den Berlinern wegen der hohen Kosten »Palazzi Prozzi« genannt, gelegentlich auch wegen

der vielen Leuchten in dem Gebäude »Lampengeschäft«, dem Palast der Republik, mit dessen Bau 1976 (180 Meter lang, 85 Meter breit am Spreeufer an Stelle des Schlosses) laut Stadtführer der Marx-Engels-Platz »architektonisch und städtebaulich vollendet« wurde. Laut Angaben von Architekten hat sich das Gebäude, das schwerer als das abgetragene Schloß sein soll, an der Spree-Seite mehr gesenkt als auf der Platzseite. An die Tafel »Volkskammer der DDR« im Palast hatten Demonstranten bei der Großdemonstration am 4. November 1989 die Forderung nach »Freien Wahlen« geheftet. Der schwer zerstörte Dom gegenüber dem Palast wird auch wiederaufgebaut, von der Kirche mit West-Mark auf Druck des Staates. Grund für den Beschluß laut Angabe von SED-Funktionären: In den Fenstern des Palastes soll sich nur Schönes spiegeln.

Gegenüber dem Dom, auf dem anderen Spree-Ufer, liegt das Palast-Hotel, eines der vier Valuta-Hotels, über das Ost-Berlin verfügt (außerdem noch das Grand-Hotel in der Friedrich-Straße und das Metropol am Bahnhof Friedrichstraße; drei weitere gibt es in Leipzig und Dresden) und in denen westliche Gäste gegen hohe DM-Beträge übernachten können. Die Intershop-Läden in den Hotels, besonders reich ausgestattet, werden im Ost-Berliner Volksmund »Kaufhaus des Westens« genannt, nach dem West-Berliner Kaufhaus (besondere Spezialität: an die tausend verschiedene Wurstsorten in der Delikateß-Abteilung). In Intershops werden westliche Waren und DDR-Spitzenprodukte für Westgeld angeboten.

Auf dem Spreeufer gegenüber dem Palast befindet sich das Marx-Engels-Forum, auf dem die beiden kommunistischen Ahnherren als Denkmal verewigt sind, Marx stehend, Engels sitzend. »Sacco und Jacketi« hat sie der Volksmund wegen der ordentlichen Bronze-Kleidung genannt.

Die Marienkirche, erstmals 1294 urkundlich erwähnt, steht zwischen Palast und Alexanderplatz. Die Sakristei stammt aus dem Jahre 1340, der Turm wurde um 1470 hochgezogen, unter anderem vom Maurermeister Boxtehude, »tho dem Berlyne unser leven frowen throme ghemuret unde gewelvet« (gemauert und gewölbt) hat. Auch in der Marienkirche fanden in den heißen Oktobertagen Gottesdienste statt, nach denen die Menschen auf die Straßen gingen. Zentrum der Opposition war allerdings die Gethsemane-Kirche am Prenzlauer Berg, in der seit Anfang Oktober von Tausenden von Menschen besuchte Mahnwachen für inhaftierte Bürgerrechtler stattfanden, von denen einige dann in Demonstrationen endeten.

Wahrzeichen Ost-Berlins ist der 365 Meter hohe Fernsehturm am Alexanderplatz, in dessen silbern glänzender Kuppel an hellen Tagen die Sonne ein Kreuz bildet: »Rache Christi« sagt der Volksmund. Das Café auf dem Fernsehturm, besonders im Sommer vielbesucht, weshalb man vor dem Fahrstuhl lange warten muß, dreht sich in 207 Meter Höhe innerhalb einer Stunde einmal um die eigene Achse. Vom Café (Platz für 200 Personen) und der darunterliegenden Aussichtsplattform (203 Meter Höhe) hat man einen weiten Ausblick über Berlin. Vor dem 9. November 1989 war es für viele DDR-Bürger der einzige Punkt, von dem aus man in den so entfernten Westen der Stadt blicken konnte, auf den Kurfürstendamm, zum Funkturm, zum Rathaus Schöneberg oder zum Schloß Charlottenburg. Für die »Stadtbilderklärerin« endete die zu beschreibende Welt jedoch am Brandenburger Tor, aber das hat sich auch geändert.

Vom Alexanderplatz lohnt ein Abstecher ins Scheunenviertel, das Wohnviertel vieler Juden in Berlin, bis nach der Pogromnacht vom 9. November 1938 ihre systematische Ausrottung begann. In der Oranienburger Straße wird die Ruine der Synagoge zu einem Zentrum Judaicum ausgebaut. Die wiederaufgebaute Synagoge der auf noch knapp 300 Angehörigen geschrumpften jüdischen Gemeinde befindet sich in der Rykestraße am Prenzlauer Berg. Die Kommunale Berufsschule in der Großen Hamburger Straße wurde 1781 als Knabenschule der Jüdischen Gemeinde von Moses Mendelssohn gegründet, in der auch nicht-jüdische Kinder unterrichtet wurden. Mendelssohn soll Lessing als Vorbild in seinem Drama »Nathan der Weise« gedient haben. »Wehret dem Krieg! Hütet den Frieden« steht auf einem Gedenkstein an der Stelle, an der sich einst das Jüdische Altersheim befand. Es wurde 1942 in ein Sammellager verwandelt, von dem aus die Deportationen von Juden in die Konzentrationslager Auschwitz und Theresienstadt erfolgten.

In südlicher Richtung vom Alexanderplatz, einst der verkehrsreichste Platz Berlins, gelangt man am Roten Rathaus (1861–69 errichtet, Sitz des Ost-Berliner Magistrats, »rot« heißt es, weil beim Bau Terrakotta- und Backstein verwendet wurden) über das Nikolai-Viertel zum Fischerkiez. Das Nikolai-Viertel, Prunkstück zur 750-Jahr-Feier 1987, ist der »Versuch einer zeitgenössischen Architekturschöpfung in Verbindung mit und unter Bezugnahme auf von historisch erhaltener Substanz und den damit verbundenen Strukturen«, so beschreibt eine Broschüre das neue auf alt getrimmte Viertel. In der Kombination von Plattenbauweise und Neuausbau »historischer Leitbauten« läßt es westliche Augen meinen, hier hätten die Spielzeugbauer aus dem dänischen Billund (»Legoland«) ihre Hand im Spiel. Das historisch getreu wiedererrichtete Ephraim-Palais (schon früher die schönste Ecke

Nachfolgende Doppelseite:

Ebenfalls zur Stadt Köpenick in Ost-Berlin gehört der Große Müggelsee, ein weiteres beliebtes Ausflugsziel der Berliner.

Berlins) und die Nikolaikirche fallen da aus dem Rahmen.
Das Fachwerkviertel Fischerkiez war schon in den sechziger Jahren so heruntergekommen, daß es Hochhausbauten weichen mußte: Fischerinsel heißt die Gegend heute mit Hochhäusern, wie man sie an vielen Stellen der DDR trifft.
Die Jungfernbrücke, erbaut 1798, ist die älteste erhaltene Brücke in Berlin. Einst überspannten die Spree neun Zugbrücken, von denen nur diese noch erhalten ist. Dort sollen die Töchter der Hugenottenfamilie Blanchet den Berliner Klatsch unter die Leute gebracht haben.
Im NS-Kollossal-Bau der Reichsbank ist heute der Parteivorstand der PDS, der umbenannten SED, untergebracht. Vom Charakter der einst bedeutsamsten Berliner Straße, der Leipziger Straße, ist nichts mehr übriggeblieben. Hochhäuser neueren Typs säumen sie, offizielle DDR-Vertreter bemerkten ironisch, diese Häuser seien errichtet worden, damit die Menschen dort nicht ständig auf das Hochhaus des Springer-Verlages in der zu West-Berlin gehörenden Kochstraße schauen müßten.
Er war einmal einer der schönsten Plätze Europas, der frühere Gendarmenmarkt, der seit 1950 Platz der Akademie heißt. Der Platz ist wieder auf dem besten Wege dazu. Der Französische Dom mit dem Hugenotten-Museum ist wiedererrichtet, ein Weinrestaurant im Turm lädt ein. In der Mitte steht der wieder instand gesetzte Bau des Baumeisters Friedrich Wilhelm Schinkel, das Schauspielhaus von 1818, das nach seinen Plänen vollständig neu rekonstruiert wurde und heute eine Konzerthalle ist. Ein anderer Schinkel-Bau im Stadtzentrum ist die Neue Wache Unter den Linden, heute das »Mahnmal für die Opfer des Faschismus und Militarismus«, an der die DDR-Armee bei der Wachablösung noch den preußischen Stechschritt demonstriert. Ost-Berlin, das ist freilich nicht nur der Stadtbezirk Mitte, der hier in großen Zügen beschrieben wurde. Berlin, das ist auch der Stadtteil Prenzlauer Berg, in dessen Häusern aus der Gründerzeit oder der Jahrhundertwende neben zahlreichen alten Menschen vor allem junge Aussteiger aus der DDR-Gesellschaft Wohnraum gefunden haben, oft in Häusern, in denen gelegentlich die Toilette noch außerhalb des Hauses ist. So war es kein Zufall, daß gerade am Prenzlauer Berg in der Gethsemane-Kirche die friedliche Revolution in der DDR mit ihren Ausgang nahm. Am Prenzlauer Berg sind Skinheads zu Hause, aber auch Punks; am Prenzlauer Berg findet man viele Züge, die an Kreuzberg erinnern. Freilich, Szene-Kneipen hatte die Staatssicherheit in den vergangenen Jahren auf eine einfache Weise aufgelöst: durch Schließung, Renovierung, Verbesserung der Inneneinrichtung und Einstufung in eine höhere Preisklasse, so daß sie für die Jugendlichen, die den Segnungen des Sozialismus Ade gesagt hatten, unerschwinglich wurden. So wurde die Husemannstraße restauriert im Stil der Jahrhundertwende mit Straßenschildern, Beschriftungen, Telefonzellen aus der damaligen Zeit.
Ost-Berlin, das ist auch Köpenick mit seinen Wäldern und Seen, mit der Industrie und den Müggelbergen, Ost-Berlin, das ist der Märchenbrunnen und der Volkspark am Friedrichshain, das ist Pankow mit seinen alten, oft auch schon recht heruntergekommenen Villen und den Bungalows für die Diplomaten, Ost-Berlin, das ist auch Weissensee mit dem größten jüdischen Friedhof Europas, und Ost-Berlin, das sind auch seine Museen wie das Pergamon-Museum mit dem Pergamon-Altar.
Doch das größte Manko dieser Halbstadt ist beseitigt; sie ist keine Halbstadt mehr und auch der böse Witz der Provinzler über den Vier-Mächte-Status gehört der Geschichte an: Wer ist der dümmste Stamm der DDR? Die Berliner. Sie lassen sich eine Mauer durch die Stadt bauen und wohnen dann noch auf der falschen Seite.

Am Zusammenfluß von Spree und Dahme und zugleich an einer Spreefurt liegt Köpenick, einst eine mittelalterliche städtische Siedlung im Raum Berlin.

Kühle Wampe

Sachsen-Anhalt

Industrieland um Halle, Magdeburg und Dessau

Alte Fachwerkhäuser in der Altstadt von Salzwedel in der Altmark, dem nördlichsten Landesteil von Sachsen-Anhalt.

Nur sieben Jahre hat in der deutschen Geschichte ein Land bestanden, das nun in der DDR wieder begründet wird: Sachsen-Anhalt. Obwohl die Landschaft zwischen der Elbe im Norden, Niedersachsen im Westen, Thüringen und Sachsen im Süden schon immer eine kulturgeschichtliche Einheit bildeten, ist erst im Jahre 1816 aus den von Sachsen an Preußen abgetretenen Gebieten und den im Laufe der Jahrhunderte von Brandenburg-Preußen erworbenen Besitzungen an Elbe und Saale sowie in Thüringen eine preußische Provinz gegründet worden, die den Namen Sachsen erhielt.

Zu dieser »Provinz Sachsen« zählte das Ursprungsland Brandenburgs, die Altmark, das Herzogtum Sachsen zu Merseburg, »Nieder-Sachsen zu Magdeburg«, und »Thüringen zu Erfurt«. In diese Gebiete ragten die anhaltinischen Fürstentümer, die sich 1863 zu Anhalt zusammenschlossen, und die thüringischen Kleinstaaten (Zusammenschluß erst 1920) hinein. Die Provinz Sachsen blieb in ihrer nach dem Wiener Kongreß festgelegten Form bis 1944 bestehen; dann wurde der Regierungsbezirk Erfurt Thüringen eingegliedert. Nach 1945 kam es zu einer erneuten Gebietsaufteilung: Die Regierungsbezirke Magdeburg und Merseburg der Provinz Sachsen und das Land Anhalt, das seit 1933 zum Land Braunschweig gehörte, wurden zum Land Sachsen-Anhalt mit der Landeshauptstadt Halle/Saale zusammengefaßt, das dann drei Jahre nach der DDR-Gründung in die Regierungsbezirke Magdeburg und Halle aufgeteilt wurde. Sachsen-Anhalt ist also weder ein historisch noch geographisch festumrissener Begriff.

Doch jahrhundertelang bildete die Elbe-Saale-Linie die Grenze zwischen den deutschen Stämmen der Sachsen und Franken und den slawischen Stämmen der Heveller und der Sorben. König Heinrich I. begann hier mit der Christianisierung und Eindeutschung. Unter Kaiser Otto I. entstanden die Marken Lausitz, Merseburg, Zeitz und Meißen. Otto II. errichtete als Mittelpunkt der Slawenmission das Erzbistum Magdeburg und die Bistümer Merseburg, Zeitz (später Naumburg) und Meißen. Unter den Sachsenherzögen Lothar und Heinrich dem Löwen besiedelten Sachsen, Franken und Thüringer das Land. Sächsische, askanische und preußische Herrschaft lauten die historischen Zugehörigkeiten. Die Askanier herrschten seit dem 11. Jahrhundert auch über das Anhaltiner Land (Askanier leitet sich übrigens von der heutigen Kreisstadt Aschersleben ab). Seit dem 13. Jahrhundert nannten sie sich nach der Burg Anhalt. Die Dessauer Linie der Herzöge von Anhalt hielt sich bis 1918. Von 1918 bis 1933 war Anhalt ein Freistaat in der Weimarer Republik.

Zu Sachsen-Anhalt gehören große Teile der Norddeutschen Tiefebene, aber auch der östliche Teil des Harzes mit dem Brocken, dem höchsten norddeutschen Berg mit 1142 Metern. Der Brocken lag bis zum 15. November 1989, als die DDR-Regierung die Verordnung über die Sperrgebiete aufhob, 37 Jahre lang im Sperrgebiet und war für den Normalbürger unzugänglich. Die Böden in der Magdeburger Börde, im Harzvorland und in der Goldenen Aue südlich des Harzes sind sehr fruchtbar. Südlich der Lößgrenze, längs einer Linie Helmstedt–Marienborn–Delitzsch ist vor allem Wald- und Heidelandschaft anzutreffen, karge Böden also. Mit dem Süßen See und dem Unstruttal verfügt Sachsen-Anhalt über eines der beiden DDR-Weinanbaugebiete (das andere Weinanbaugebiet liegt an der unteren Elbe nördlich Dresdens bei Meißen). Während der zum Teil sehr dünnbesiedelte Norden (Altmark unter 50 Einwohner je Quadratkilometer) vor allem von der Landwirtschaft lebt, ist der Süden Sachsen-Anhalts industriell orientiert. Vor allem in und um Halle/Saale hat die chemische Industrie der DDR ihre Standorte; Leuna und Buna in Schkopau, das Chemiekombinat in Bitterfeld, die Chemiewerke in Wittenberg; die Herstellung von Filmen in Wolfen. In Magdeburg, Halberstadt, Schönebeck, in Halle und Dessau werden Schwermaschinen und Fahrzeuge hergestellt. Vor allem die chemische Industrie hat es in der Vergangenheit mit dem Umweltschutz nicht sehr genau genommen. Der Bezirk Halle, vor allem die Gegend um Bitterfeld, gilt als die am schwersten mit Schadstoffen belastete Gegend in der ganzen DDR. Im Mansfeldischen wird auch Kupfer gewonnen. Schon vor einiger Zeit erregten Umweltgruppen mit einem Film »Bitteres aus Bitterfeld« über die Umweltsünden der Betriebe dort (Umweltdaten galten in der DDR bis zum November 1989 als besonders geheim) Aufsehen in ganz Deutschland.

In den Agrargebieten der Magdeburger Börde

Innenraum der Kirche von Schönhausen in der Altmark. Im Jahre 1563 wurde die Familie Bismarck mit Schönhausen belehnt; während das Geburtshaus von Otto von Bismarck nach 1945 zerstört wurde, blieb die 1212 geweihte Kirche bis heute erhalten.

wird vor allem Weizen angebaut, aber auch Zuckerrüben. »Eine schlechte Ernte«, so heißt es unter den Bauern der Landwirtschaftlichen Produktionsgenossenschaften, »gibt es nur, wenn wir im Frühjahr das Säen vergessen.« Nördlich und westlich der Börde sind Anbaugebiete für Kartoffeln und für Roggen. Die Gegend um den Süßen See ist vor allem ein Obstanbaugebiet (Äpfel). Weizen- und Zuckerrüben-Kulturen gibt es auch in der südlicher gelegenen Goldenen Aue. Außerdem sind in Sachsen-Anhalt mehrere Viehzucht-Stationen, die für die relativ hohe Fleischversorgung in der DDR sorgen, aber zugleich in die Bundesrepublik und andere Länder exportieren. Im Städtchen Staßfurt im Harzvorland ist das einzige Werk beheimatet, das in der DDR Fernsehgeräte herstellt.

Drei Großstädte gibt es in Sachsen-Anhalt: Halle an der Saale, Magdeburg und Dessau. Auf dem Papier ist Magdeburg die größte von ihnen. Doch das liegt nur daran, daß man die Ende der fünfziger Jahre errichtete Neustadt von Halle 1960 zu einer eigenen Stadt machte. Zählt man die für die Chemiearbeiter des Hallenser Industriegebiets errichtete Neustadt hinzu, dann kommt die Saalestadt auf rund 330000 Einwohner und übertrifft Magdeburg um 40000 Einwohner.

Halle an der Saale wurde nach 1945 die Hauptstadt des neugebildeten Landes Sachsen-Anhalt, danach Hauptstadt des gleichnamigen Bezirks, der zu den dichtestbesiedelten der DDR gehört (nach Leipzig und Chemnitz). Die über tausendjährige Stadt – die deutsche Siedlung an der Saale wurde im Jahre 961 erstmals erwähnt – ist das Zentrum der Chemieindustrie der DDR und zugleich kultureller, wirtschaftlicher und wissenschaftlicher Mittelpunkt im Süden von Sachsen-Anhalt. Das Lied von der »Saale hellem Strande« freilich können nur noch Unentwegte singen; dazu ist der Fluß viel zu sehr verschmutzt. In Halle spricht man längst vom »schwarzen Fluß«. Der Lyriker Joseph von Eichendorff (1788–1857) hat das Saaletal bei Halle besungen, als es mit dem hellen Strande noch in Ordnung war. »Da steht eine Burg überm Tal und schaut in den hellen Strom hinaus, / das ist die fröhliche Saale, das ist der Giebichenstein. / Da hab' ich oft gestanden, es blühten Täler und Höhn, / und seitdem in allen Landen, sah ich nimmer die Welt so schön.«

Auf der Burg Giebichenstein ist heute eine Hochschule für Gestaltung (Design). Ihren Namen erhielt die Stadt vom Hallwerk, der Salzproduktion, die bis 1962 in Betrieb war und bis in die Altsteinzeit vor 6000 Jahren nachzuweisen ist. Die Salinenwerke verrotten, das Hallorenmuseum zeigt lebensecht die Zunft der Salzwerker. Auch wenn sich die Einwohner der Stadt, wenn sie sich in der Fremde treffen, mit den Worten »Hallenser, Halloren, Halunken« in Anspielung auf das Geschäftsgebaren der Salzhändler spitzbübisch begrüßen, Fremden ist solche Anrede nicht zu empfehlen. Die hört auch Bundesaußenminister Hans-Dietrich Genscher nicht gern, der gegenwärtig bekannteste Hallenser, wenn er auch in Reideburg geboren ist, das erst nach 1945 in die Saalestadt eingemeindet wurde.

Halten es die Rostocker mit der sieben, dann schwören die Hallenser auf die fünf. Denn fünf Türme sind die Wahrzeichen von Halle: Die vier Türme der Marktkirche, die der Baumeister Nickel Hofmann zwischen 1530 und 1554 aus zwei romanischen Kirchen zu einer spätgotischen Hallenkirche formte, und der 84 m hohe Rote Turm, ein Glockenturm, ein paar Meter weiter. Der rote Porphyrstein ist längst vom Smog schwarz geworden. Rötlich kann man ihn nur noch auf Bildern des Deutsch-Amerikaners Lyonel Feininger sehen, die in der Galerie Moritzburg ausgestellt sind. In diesem Kunstmuseum hängen auch Werke von Max Beckmann, Karl Schmidt-Rottluff, Ernst Ludwig Kirchner, Max Pechstein und Paul Klee. An der Ostwand des Roten Turms steht der Roland, ein Zeichen für das Marktrecht. In der Marktkirche predigte einst der Reformator Martin Luther. Der Komponist Georg Friedrich Händel, der in Halle geboren wurde und den die Stadt alljährlich mit Händel-Festspielen ehrt, lernte hier das Orgelspiel; auch Johann Sebastian Bach wirkte an dieser Kirche, deren vordere Türme im Obergeschoß durch eine Brücke verbunden sind.

Die Bedeutung verdankt die Stadt dem Saaleübergang. 1100 Jahre, vom 4. Jahrhundert vor Chr. bis zum 7. Jahrhundert nach Chr. (»u.Z.« heißt das häufig in der DDR für »unserer Zeitrechnung«), siedelten hier Germanen, bis nach der Völkerwanderung die Slawen kamen. Im Jahre 806 ließ Karl der Große hier das Kastell Halla bauen; 961 schenkte Kaiser Otto I. die Siedlung mit der Burg Giebichenstein und ihren Salzquellen dem Moritzkloster in Magdeburg. Seit dem 12. Jahrhundert gehörte Halle dann der Hanse an. Hallesches Stadtrecht wurde zum Vorbild vieler Städte in Schlesien, Polen und sogar Rußland. Der Rote Turm ist Beleg für wirtschaftliche Macht und politische Selbständigkeit der Stadt. 1478 konnte der Magdeburger Erzbischof Ernst die Pfänner, das sind die Salzquellenbesitzer, entmachten. Er baute die Moritzburg als Zwing- und Fronveste, die Kardinal Albrecht zur fürstlichen Residenz umwandelte. Die Burg brannte im Dreißigjährigen Krieg aus; die Ruinen, zu Beginn dieses Jahrhunderts ausgebaut, beherbergen heute die Staatliche Galerie, das Fernsehtheater und ein Weinrestaurant sowie einen Studentenclub (»Moritzbastei«).

Albrecht sorgte auch für das geschlossene Bild des Marktes. Neben die Marktkirche und den Roten Turm baute er seine Residenz und ließ das ursprüngliche Dominikaner-Kloster in die Domkirche umwandeln, die in sich die Epochen der Frühgotik, der Renaissance und des Barocks vereinigt. Der größte Teil des wertvollen Domschatzes ging 1541 verloren, als in der Reformation die Domkirche aufgelöst wurde.

Nach dem Niedergang der Salzquellen sorgte die 1694 vom brandenburgischen Kurfürsten Friedrich III. errichtete Universität für eine kulturelle Blüte der Stadt. Als Mittelpunkt der Aufklärung und als Hort des Pietismus wurde sie in kurzer Zeit zur meistbesuchten Hochschule in Deutschland. Neben dem Juristen und Philosophen Christian Thomasius (1655–1728) und dem Mediziner Friedrich Hoffmann (1660–1742) lehrte an der Hallenser Universität der evangelische Theologe und einer der bedeutendsten Vertreter des Pietismus, August Hermann Francke, der 1695 vor den Mauern der Stadt ein Waisenhaus, Schulen und Werkstätten gründete (heute Franckesche Stiftungen). 1817 wurde die Universität Wittenberg – nach dem Wiener Kongreß war Sachsen-Wittenberg an Preußen gefallen – nach Halle verlegt. Heute trägt die Universität zu Halle den Namen »Martin Luther Universität Halle Wittenberg«. Die Leopoldina, die älteste, in Schweinfurt gegründete naturwissenschaftliche Gesellschaft, verlegte 1879 ihren Sitz und ihre reichhaltige Bibliothek in die Saalestadt. Der Leopoldina gelang es während der zwölf Jahre nationalistischer Herrschaft, sich der Gleichschaltung zu entziehen; auch in vierzig Jahren SED-Herrschaft konnte sie ihre Unabhängigkeit bewahren und praktizierte vielmehr, wie es ihr scheidender Präsident Heinz Bethge im April 1989 sagte, machbare Gemeinsamkeiten und erprobte Fahrrinnen im Ost-West-Verhältnis – Fahrrinnen, die immer mehr andere benutzten und in die mehr und mehr Bewegung kam. Generationen von kritischen DDR-Studenten nutzten die reichhaltige Bibliothek der »Deutschen Akademie der Naturforscher Leopoldina«, um Bekanntschaft mit in der DDR verbotenen Schriften zu machen, etwa mit Freud und Nietzsche. Aufsätze des Philosophen und Physikers Carl Friedrich von Weizsäcker waren jahrelang in der DDR nur als Leopoldina-Schriften zu haben. Alle zwei Jahre, wenn die Leopoldina zu ihrer Jahrestagung in Halle zusammentritt, hält Weizsäcker einen Vortrag in der restlos überfüllten Marktkirche und diskutiert mit Studenten. Von der Marktkirche gingen die montäglichen Demonstrationen in der Saalestadt im Jahre 1989 aus.

Der Bau der Trabantenstadt Halle-Neustadt für die Chemiearbeiter – Hochhäuser in industriell gefertigter Plattenbauweise in acht »Wohnkomplexen« – führte dazu, daß die Pflege der Altstadt jahrelang vernachlässigt wurde. Inzwischen, nachdem man sich an die Restaurierung macht, sind tausende Häuser, vor allem aus der Gründerzeit, so verfallen, daß ganze Straßenzüge mit der Abrißbirne dem Erdboden gleichgemacht werden. Die Geiststraße, die die Hallenser wegen ihrer jahrelang leerstehenden Häuser in »Geisterstraße« umgetauft haben, wird jetzt mit Häusern in Plattenbauweise wieder aufgebaut. Noch immer stehen in Halle ganze Stadtviertel »auf Abriß«, was soviel heißt, daß dafür Neuinvestitionen nicht vorgesehen sind. Aber da ist nach der Wende wohl auch eine neue Stadtpolitik erforderlich. Daß Abriß nicht der einzige Ausweg sein muß, haben Umwelt- und Friedensgruppen bewiesen, die zusammen mit dem Gemeindekirchenrat die fast schon verfallene Georgenkirche wieder instand setzten. Halle ist übrigens die deutsche Großstadt, in der zuerst eine elektrisch betriebene Straßenbahn (1882) fuhr.

Der nördlichste Landesteil Sachsen-Anhalts ist die Altmark. Die Altmark war Ausgangsbasis der Askanier bei der Eroberung der Mark Brandenburg. Die Städte und Kreise der Altmark haben in der Regel den ganzen oder halben roten brandenburgischen Adler im Wappen. Ihre Blütezeit erlebte die Altmark, die immer im Schatten der großen Zentren Hamburg, Hannover, Magdeburg und Brandenburg stand, unter Kaiser Karl IV. aus dem Hause Luxemburg. Nach dem Aussterben der Askanier war die Altmark an ihn gefallen. Karl IV., der in Prag residierte, plante, Prag zu einem wirtschaftlichen Zentrum eines großen Reiches zu machen und den Handelsverkehr zwischen Italien und den Niederlanden über Böhmen, die Moldau und die Elbe zu leiten. Er wählte sich Tangermünde, die von den Askaniern zum Grenzsicherungssystem der Elbe ausgebaute stärkste Burg der Altmark, zu seiner zweiten Residenz (1373). Die Stadt errang Glanz und Bedeutung: die Burg wurde prachtvoll nach Prager Vorbild ausgebaut. Die Stadt hat ihr mittelalterliches Bild weitgehend bewahrt. Von der Burg sind noch wesentliche Teile erhalten: bedeutende Teile der Ringmauer mit dem Gefängnisturm, der Bergfried und die Kanzlei. Auch die Stadtbefestigung mit ihren Türmen und Toren ist vollständig. Das Rathaus ist ein Hauptwerk märkischer Backsteingotik.

Der Glanz Tangermündes färbte auch auf die anderen Städte der Altmark ab, die zu dieser Zeit ebenfalls ihre Blüte erlebten. So ist das Uenglinger Tor im Nordwesten der Altstadt von Stendal mit Blendengliederung, Ecktürmchen und rundem Zinnenkranz aus dem Jahre 1380 eines der schönsten norddeutschen Tore und Beleg für die

Das prächtige Uenglinger Tor, erbaut um 1380, zeugt von der mittelalterlichen Bedeutung der einstigen Tuchmacherstadt und Hansestadt Stendal in der Altmark.

mittelalterliche Bedeutung der Tuchmacherstadt, die auch der Hanse angehörte. Auch die großen Backstein-Hallenkirchen, der Dom St. Nikolaus, die Marienkirche und die Jakobikirche, entstanden in dieser Zeit. Vor dem Rathaus steht der Roland. Nach dem Dreißigjährigen Krieg verarmte Stendal und fiel in die Bedeutungslosigkeit zurück. Größter Sohn der Stadt ist der Begründer der modernen Kunstwissenschaft Johann Joachim Winckelmann (»Geschichte der Kunst des Altertums«). In Stendal wird gegenwärtig das dritte DDR-Kernkraftwerk gebaut nach Rheinsberg (dieses kleine Kraftwerk wird inzwischen mehr und mehr für Forschungszwecke genutzt) und Greifswald, bei dem nach der Wende 1989 mehrere früher verschwiegene Havarien bekannt wurden und das zum Teil stillgelegt wurde.
Ein besonderes Schmuckstück der Altmark ist als dritte größere Stadt Salzwedel. Die von Wasserläufen durchzogene mittelalterliche Altstadt steht unter Denkmalschutz. Zahlreiche Fachwerkbauten, darunter das »Hochständerhaus«, die Marienkirche und die Mönchskirche gehören zu den Sehenswürdigkeiten der ehemaligen Hansestadt. Im westlich gelegenen Diesdorf (spätromanische Backstein-Basilika) zeigt ein Freilichtmuseum bäuerliche Volkskultur aus der vor allem agrarisch genutzten und dünn besiedelten Altmark.
Die größte Stadt im Norden Sachsen-Anhalts ist Magdeburg mit rund 290000 Einwohnern. Die Stadt liegt am Mittellauf der Elbe auf dem Rand der Bördehochfläche gegenüber einer von mehreren Flußarmen durchzogenen Niederung. Die Elbestadt ist der wirtschaftliche und kulturelle Mittelpunkt der fruchtbaren Börde und ein Knotenpunkt im System der europäischen Handelsstraßen: Hamburg–Prag, Paris–Moskau, Rostock–Rom. In Magdeburg treffen die Elbe und der Mittellandkanal aufeinander (Hebewerk Rothensee); Magdeburg ist der größte Binnenhafen der DDR.
Die Sicherung des Elbeübergangs spielte schon in alter Zeit eine bedeutende Rolle. 805 wird Magdeburg als karolingisches Palatium erwähnt. Dort, wo heute der Domplatz ist, befand sich schon zu Beginn des 10. Jahrhunderts eine Pfalz. Kaiser Otto I. stiftete dort ein Benediktiner-Kloster. 955 wurde die Klosterkirche in eine Kathedrale umgewandelt, 961 der Ort als Stadt erwähnt, 968 wurde Magdeburg Erzbistum. Nach dem Stadtbrand 1207, der den ottonischen Dom vernichtete, legte Erzbischof Albrecht II. 1209 den Grundstein zum mächtigsten Magdeburger Bauwerk, den Dom, dem die Kathedralen Frankreichs Vorbild sein sollten. Wenig später wurde auch das Rathaus gebaut. Magdeburg bestand in dieser Zeit aus mehreren Siedlungen mit jeweils eigener Verfassung.
Es dauerte genau 311 Jahre, bis der Dom vollendet war, zwischendurch hatte der Bau auch gelegentlich gestockt; aus den gleichen Gründen, die heute für Bauverzögerungen verantwortlich sind: »Darüber hinaus beklagen sich der edle Bau unseres Münsters und die Baubehörde des mit großem Aufwand lobenswert begonnenen Werkes über den Mangel an Geld, ohne das nichts vorankommen kann.« Freilich, nicht Verschuldung des Erzbischofs, der den Zustand in einer Urkunde festhielt, war der Grund für den Geldmangel. Vielmehr überforderten kriegerische Händel die Kasse des Erzbischofs. Die dreischiffige Basilika, mit Chorumgang, Kapellenkranz und Doppelturmfassade ist dennoch ein kulturelles, architektonisches Meisterwerk geworden. Nicht ganz so lange, aber immerhin doch 96 Jahre dauerte der Umbau der Klosterkirche, bis 1129 Stiftsgebäude des Prämonstratenser Ordens. 1160 war die dreischiffige romanische Klosterkirche umgebaut, eine der bedeutendsten romanischen Anlagen auf deutschem Boden. Nach der Zerstörung Magdeburgs im Dreißigjährigen Krieg (Erstürmung der Stadt durch die Truppen Tillys und Pappenheims) war die Stadt fast siebzig Jahre lang ohne Rathaus; 1696 war der heutige Barockbau über dem romanischen Ratskeller fertig. Vor dem Rathaus steht unter einem Baldachin eine Bronzekopie des »Magdeburger Reiters«, das Original aus dem Jahre 1240 befindet sich im Kunsthistorischen Museum.
Die frühere Hansestadt mit ihrer verkehrsgünstigen Lage war im 17. Jahrhundert mit rund 20000 Einwohnern eine der größten Städte des Heiligen Römischen Reiches deutscher Nation. 1815, als es nach einer achtjährigen Zugehörigkeit zum napoleonischen Königreich Westfalen erneut zu Preußen kam, wurde Magdeburg Hauptstadt der Provinz Sachsen. Eine erneute Blüte erlebte die Stadt nach der industriellen Revolution: Zuckerfabriken, Schiffs-, Maschinen- und Stahlwerke kamen in die Stadt. Schon um die Jahrhundertwende hatte Magdeburg kaum weniger Einwohner als heute. Während des Zweiten Weltkriegs wurde die Innenstadt mehrfach durch Bombenangriffe zerstört und brannte völlig aus, bedeutende Bauwerke fielen den Flammen zum Opfer. Die heutige »sozialistische Stadt« steht in einem seltsamen Kontrast zu den erhaltenen und restaurierten mittelalterlichen Bauten.
Magdeburg war immer auch kulturelles Zentrum. Martin Luther predigte hier. Der Physiker und Bürgermeister Otto Guericke machte hier seine Versuche (Magdeburger Halbkugeln); heute ist die Technische Universität nach ihm benannt. Der Komponist Georg Philipp Telemann ist ein Sohn der Stadt. Die einstige Klosterkirche ist heute ein weltliches Haus mit Kunstausstellungen, Serenadenabenden und literarischen Veranstaltungen. In

Das prachtvolle Westportal des Magdeburger Doms, zu dem 1209 der Grundstein gelegt und an dem 311 Jahre gebaut wurde, bis er 1520 fertiggestellt war. Die dreischiffige Basilika mit Chorumgang, Kapellenkranz und Doppelturmfassade wurde ein architektonisches Meisterwerk, das die Brandkatastrophe im Dreißigjährigen Krieg und die Bomben des Zweiten Weltkrieges, wenn auch mit starken Beschädigungen, überstand.

Blick auf Schloß Bernburg an der Saale, ein auf hohem Sandsteinfelsen thronendes Renaissanceschloß, das seine heutige Gestalt um 1540 bis 1570 von Nickel Hofmann und Andreas Günther erhalten hat.

Das Innere der Stiftskirche in Gernrode am Harz, eines der besterhaltenen Kirchenbauwerke in Norddeutschland aus frühottonischer Zeit. Beachtlich sind auch die Kunstwerke im Innenraum mit Plastiken, Reliefschmuck und Kleinkunst sowie dem romanischen Taufstein aus der Mitte des 12. Jahrhunderts.

In der Krypta mit bedeutenden hochmittelalterlichen Freskenresten in der romanischen Stiftskirche St. Servatius in Quedlinburg, dessen Stadtgeschicke bis zum Jahre 1802 entscheidend von dem reichsfreien Stift bestimmt wurden.

der nördlichen Nebenapsis des Doms fand erst 1956 das Ehrenmal für die Gefallenen des Ersten Weltkriegs, das Ernst Barlach 1929 geschaffen hat, wieder seinen Platz. Es war 1934 von den Nationalsozialisten entfernt worden. Barlach hat dem Denkmal selbst »Nüchternheit, sogar unwirkliche Kargheit, die mir in eigener Sache geboten scheint«, bescheinigt.

Südöstlich Magdeburgs liegt eines der schönsten deutschen Mittelgebirge, der Harz, sagenumwoben, geschichtsträchtig, reich besungen. Gesungen wird heute wie bei den Vorvätern. Der »Klub für Kulturarbeit« beim Rat der Stadt Wernigerode verbreitet seit Jahren eine Broschüre, die das »neue Harzlied« populär machen soll, weil doch »ein großer Teil des alten Liedgutes des Harzes zu sehr in der kapitalistischen Vergangenheit wurzelt und nicht unserer Lebensauffassung entspricht«. Das »neue Harzlied« heißt dann so: »Meine Heimat sind die Berge, sind die Täler, sind die Höhn. Meine Heimat sind die Werke, wo Turbinen sich drehn. Meine Heimat sind die Wälder, wo der Mähdrescher singt. Und ich liebe meine Heimat, die von vielen verehrt, und ich schütze meine Heimat, die uns allen gehört.« Nun, da »Deutschland einig Vaterland« auf der Tagesordnung der Geschichte steht, wird diese Dichtung wohl in der Versenkung verschwinden und eher wieder der Lyriker Johann Nepomuk Vogl in Erinnerung kommen, der »Herr Heinrich saß am Vogelherd...« geschrieben hat, über jenen Herzog Heinrich von Sachsen (der »Vogler«), der am »Finkenherd« im Harz (sechs Harzorte streiten sich um den historischen Bezug dazu) die Nachricht von seiner Königswahl entgegennahm. Heinrich I. (um 876–936) schuf die Grundlage für ein einheitliches deutsches Reich. So kann man es als Ironie der Geschichte betrachten, daß gerade der Harz im geteilten Deutschland geteilt wurde und der höchste norddeutsche Berg, der Brocken (1142 m) 37 Jahre lang unzugänglich war. Goethe oder Heinrich Heine hätten ihre Harzwanderungen in der zweiten Hälfte des 20. Jahrhunderts nicht machen können; bis 1990 hätten sie an der hier unüberwindlichen deutsch-deutschen Grenze halt machen müssen.

Hans Christian Andersen, der dänische Märchenerzähler, notierte, als er auf dem Gipfel des Brocken stand: »Da gab es keine Grenzen.« Ein Satz, der schon bald nach über 40 Jahren Grenze mitten durch den Harz wieder Wirklichkeit werden könnte. Andersen beschrieb auch den herrlichen Morgen, den er auf dem Brocken erlebte: »Wir sahen deutlich Magdeburg mit seinen Türmen, Halberstadt und Quedlinburg, die Türme der Großen Domkirche zu Erfurt, die Bergschlösser Gleichen und die Wilhemshöhe bei Kassel, außer einer Menge kleiner Städte und Flecken.«

Doch zurück zu den Sachsen- und Salierkaisern. Die Kaiser Otto I., Otto II., Heinrich II. und Heinrich IV. bauten Burgen und Pfalzen im Harz aus. Sie wohnten selbst dort und regierten das Reich vom Harz aus, über längere Zeiten aus Quedlinburg, seltener aus Gandersheim, vor allem aber aus Goslar.

Wie ein Herrscher über das weite Land überragen das Schloß und die Stiftskirche in Quedlinburg die Dächer der Altstadt und die Umgebung, acht Kilometer vom Nordrand des Harzes entfernt. Auf einer Urkunde aus dem Jahre 922 unterschrieb Heinrich I. den Satz: »...actum in villa quae dicitur Quitlingaburg« (gegeben in der Stadt die Quitlingaburg heißt). Später hieß die Stadt »Metropole des Reiches«, wurden hier doch die meisten Reichstage und Versammlungen der Kirchenfürsten abgehalten. In der Burg war nach dem Tode Heinrichs I. ein, wie es ein DDR-Harzführer sagt, »freiweltliches Damenstift«, das reichsfrei war und nur Kaiser und Papst unterstand. Zu ihm gehörte auch die 1129 geweihte romanische Basilika, die Stiftskirche, in der der berühmte Quedlinburger Domschatz lagert. Bis zum Jahre 1802 bestimmte das Stift die Geschicke der Stadt ganz entscheidend. Mitte des 14. Jahrhunderts war die Stadt der Hanse beigetreten, auch, um von den »Damen im Schloß« endlich unabhängig zu werden. Doch das Verhältnis der Stadt zu den Äbtissinnen wurde zusehends gespannter. 1447 überfiel Äbtissin Hedwig von Sachsen – zusammen mit ihren Brüdern Ernst und Albrecht, den Sachsenfürsten – die Stadt mit Waffengewalt und machte sie sich »fügsam«. 1698 fiel Quedlinburg an Brandenburg und wurde so 1815 Teil der sächsischen Provinz in Preußen.

In Quedlinburg geboren wurde Dorothea Christiana Erxleben, die erste deutsche Frau als Doktor der Medizin. Der Begründer des Schulturnens, Christoph Friedrich Gutsmuths, erblickte hier ebenso das Licht der Welt wie der heute als größter Sohn Quedlinburgs gefeierte Dichter Friedrich Gottlieb Klopstock, der Schöpfer des Messias-Epos.

Neben großen Teilen der Stadtmauer bestimmen zahlreiche Fachwerkhäuser das malerische Bild der Altstadt. Mittelpunkt der Altstadt ist das Rathaus, 1310 urkundlich nachgewiesen, mit dem Portal aus der Spätrenaissance. Links davor steht der Roland. Freilich, auch in Quedlinburg nagt der Zahn der Zeit, sind viele Häuser heruntergekommen.

Noch schlimmer ist die Situation in Halberstadt, wo viele Häuser mit dem blauweißen Schild für Denkmal kaum noch zu retten sind oder bereits abgerissen wurden. Was der schwere Luftangriff auf die Stadt am 8. April 1945 nicht schaffte – die meisten der 721 Fachwerkhäuser waren zerstört,

In Wernigerode, der schönsten Stadt im Ostharz, gibt es viele wunderschöne Fachwerkhäuser, aber das Rathaus, hier im abendlichen Lichterschein, ist das berühmteste (15./16. Jh.).

Ratskeller

An der Teufelsmauer bei Thale im Harz, deren bizarre Form ihrer Sandsteinfelsen die Phantasie der Menschen beschäftigt. Der Teufel, so erzählt man sich seit langem, hat die Grenzen seines Reiches in den Nächten mit einer Mauer umgeben, die aber am Tag dann von den Sonnenstrahlen immer wieder zum Einsturz gebracht wurde, woraufhin der Teufel, verärgert über die Kraft des Lichtes, endgültig sein Werk zerstörte – so blieb der zerklüftete Harz zurück.

Landschaft am Ostrand des Harzes bei Mansfeld, das im Mittelalter ein Zentrum der Kupfergewinnung war, von der in der Umgebung der Stadt noch die einstigen Halden des Kupferschieferabbaus zu sehen sind.

Auf dem Kyffhäuser-Gebirge am südlichen Harzrand steht die Ruine der Burg Reichenstein und das monströse 81 Meter hohe Kaiser-Wilhelm-Denkmal zum Gedenken an die Reichsgründung 1870.

Ein ganz anderes Denkmal befindet sich in der aus dem 13. Jahrhundert stammenden Kernburg von Heldrungen, zum Gedenken an den Revolutionär der Bauernkriege, Thomas Müntzer, der hier nach der Schlacht bei Frankenhausen gefangengehalten und gefoltert wurde.

neben zahlreichen kirchlichen und kommunalen Bauten aus dem Mittelalter –, das wollte offenbar die Planwirtschaft des real existierenden Sozialismus doch noch bewerkstelligen. Wohnkomplexe in Plattenbauweise hatten jahrelang Vorrang vor dem Erhalt der alten vorhandenen Bausubstanz.

Karl der Große gründete um 800 in Halberstadt ein Bistum. Die Bischofsburg wurde auf dem Domplatz, einem nach drei Seiten abfallenden Hügel, erbaut. 989 erhielt Bischof Hildeward das Münz-, Markt- und Zollrecht, dazu den Blut- und Heerbann, also die weltliche Gewalt über den Harzgau und damit über Halberstadt. Noch vor der Marktgründung bestand die Vogtei als bäuerliche Siedlung mit einer Reihe, wie die Historiker sagen, »Edelhöfen«, adligen Residenzen also. Das Heer Heinrichs des Löwen zerstörte 1179 die Stadt fast vollständig, der Dom, alle Kirchen und das Bischofspalais gingen in Flammen auf. Doch die Stadt blühte erneut auf, schloß sich der Hanse an. Damals wurde auch der – inzwischen vierte – Dom St. Stephan, Beginn 1235, Weihe 1491, in rein gotischem Stil gebaut. Weltberühmt ist der Domschatz Halberstadt, eine reiche und sehr wertvolle Sammlung kunstgeschichtlicher Kostbarkeiten des Mittelalters, darunter die »Halberstädter Sitzmadonna«. Die Stiftskirche Unserer Lieben Frauen steht als viertürmige romanische Pfeilerbasilika (1146–1160) auf dem Domplatz.

Halberstadt erlebte Ende des 18. Jahrhunderts eine Blütezeit als Kulturmetropole. So leitete Johann Wilhelm Ludwig Gleim den Halberstädter Dichterkreis. Lichtwer gab hier seine Fabeln heraus. Friedrich Eberhard von Rochow gründete 1778 in der Stadt das erste Landschullehrerseminar in Deutschland. Eine literarische Gesellschaft, die von 1785 an 25 Jahre lang bestand, publizierte die »Gemeinnützigen Blätter« und das Wochenblatt »Der Bürger«. In den nahen kahlen Bergen legte der Domdechant eine Naturparkanlage mit mehreren Grotten an (Spiegelsberge). Im dortigen Jagdhaus ist ein riesiges Weinfaß zu bewundern, in das 132760 Liter passen. Angefertigt hat es der gleiche Faßbauer, der auch das Heidelberger Faß baute.

Die schönste Stadt im Ostharz ist wohl Wernigerode. Im ehemaligen »spelhus«, das von 1494 bis 98 umgebaut und seit 1538 als Rathaus genutzt wird, geben sich nicht nur die Paare aus der Umgebung das Ja-Wort. Angesichts des Andrangs auf ihr Standesamt empfehlen die Einheimischen jungen Männern diese Reihenfolge bei der Hochzeitsplanung: Zuerst besorge man sich einen Termin auf dem Standesamt; dann sehe man zu, daß man für besagten Tag ein Hotelzimmer reservieren kann; und dann sollte man sich allmählich nach einer passenden Frau umsehen. Fünfzehn Hochzeiten an einem Vormittag, das sei rein gar nichts, heißt es im schönen Wernigeroder Rathaus. – Hermann Löns hat Wernigerode die »bunte Stadt am Harz« genannt, wegen der Vielzahl prächtiger Fachwerkhäuser, von denen das Rathaus nur eines ist. Der weitgereiste Fontane schrieb seiner Frau vom dritten Aufenthalt in der Stadt: »Seit einer halben Stunde bin ich hier und schreibe diese Zeilen angesichts des himmlischen Panoramas, das vor dem Lindenberg ausgebreitet liegt. Ich liebe diesen Ort so sehr, daß ich, ich will nicht sagen hier sterben, aber hier begraben sein möchte. Das Bild, die klare Luft, die Frische – alles erquickt mich wieder…« Ob Fontane angesichts des Waldsterbens, das auch vor dem Harz nicht haltmacht, diese Sätze heute wieder schreiben würde, kann man wohl bezweifeln.

Das erste Mal erscheint der Name Wernigerode im Jahre 1121 in einer Urkunde; doch der Ort wurde wohl schon im 9. Jahrhundert als Rodung gegründet. An der Kreuzung zweier Handelsstraßen (Erfurt–Braunschweig, Goslar–Halberstadt) gelegen, erhielt Wernigerode 1229 das Goslarer Stadtrecht. Dreißig Türme hatte im Mittelalter die Stadtmauer, drei sind noch erhalten; die Türme sind zur Stadtseite offen, eine Vorsichtsmaßnahme für den Fall, daß ein Gegner die Mauer überwinden sollte; im Turm kann er sich dann nicht festsetzen. Die wohlhabende Handelsstadt sank in der Neuzeit zur Bedeutungslosigkeit herab. 1798, so belegt eine Rechnung, waren zwei Drittel der Exporteinnahmen durch ein besonderes Erzeugnis erwirtschaftet, den »Wernigeröder Korn«. Der mittelalterliche Stadtkern steht unter Denkmalschutz.

Romantische Bergwälder und Felsschluchten, reißende Flüsse, spiegelblanke Seen hinter mächtigen Talsperren, bunte Fachwerkhäuser machen den Harz zu einem besonderen Anziehungspunkt für Besucher in Ost und West. Die Sandsteinfelsen des Regensteins und der Teufelsmauer, der Einschnitt des Bodetales mit der Roßtrappe bei Thale, der 1142 Meter hohe Brocken haben viele Sagen entstehen lassen. So hatte der Teufel befohlen, an der Grenze seines Reichs eine Mauer zu bauen. Doch Sonnenstrahlen ließen das nächtens gefertigte Werk stets wieder zusammenbrechen. Verärgert über die Kraft des Lichts habe der Teufel sein Werk zerstört; übriggeblieben sei der Harz.

Eine Vertiefung ähnlich einem Riesenhuf bei Thale (Roßtrappe) ist nach der Sage entstanden, als die Königstochter Brunhilde auf einem Riesenroß, verfolgt vom Hünen Ritter Bodo, in letzter Verzweiflung den Sprung über das Tal wagte. In einem tiefen Kessel der Bode soll die Königskrone liegen, die sie beim Sprung verlor. In der Nacht vom 30. April zum 1. Mai kommen die Hexen aus aller Welt zum Brocken, um ihre Jahres-

Der Naumburger Dom St. Peter und Paul, im Bild von Nordwesten her gesehen, ist weltberühmt, weil sich hier sehr glücklich Stilelemente der späten Romanik und der frühen Gotik vereint haben. Im Westchor des Doms stehen die 12 Stifterfiguren, entstanden um 1250, die die ersten Darstellungen einzelner Persönlichkeiten in der Baukunst markieren, am bekanntesten darunter die »Uta von Naumburg«.

Vorhergehende Doppelseite:

Bei Bad Kösen an der Saale ragen die Ruinen der Rudelsburg (1172 erbaut, zerstört im 14., 15. und 17. Jh.), im Bild rechts, sowie der im Bild links auf steilem Kalkfelsen stehenden Burg Saaleck auf; beide Burgen regten Franz Kugler im Jahre 1822 zu seinem Lied an: »An der Saale hellem Strande stehen Burgen stolz und kühn«.

Der Marktplatz in der Hauptstadt des Landes Sachsen-Anhalt, Halle, mit der Marktkirche Unser Lieben Frauen (links) und dem Roten Turm (rechts). Unser Lieben Frauen ist eine spätgotische Hallenkirche, zwischen zwei von früheren romanischen Kirchen stammenden Türmen von 1530 bis 1554 von Caspar Kraft begonnen, von Nickel Hofmann vollendet. Der als Glockenturm mit achteckigen Obergeschossen zwischen 1418 und 1506 erbaute, 84 Meter hohe Rote Turm ist nach seiner Zerstörung 1945 in der Mitte der siebziger Jahre restauriert worden.

versammlung abzuhalten. Einen guten Blick auf das »Teufelswerk« mit den bizarren Sandsteinfelsen gestattet eine Bahnfahrt von Quedlinburg nach Thale. In Gernrode, ein paar Kilometer östlich Thale, steht die 963 geweihte Stiftskirche St. Cyriakus, eine nur unwesentlich veränderte frühromanische Basilika aus der Zeit der Ottonen.

Gernrode und Wernigerode sind die Ausgangspunkte zweier Schmalspurbahnen (1000 mm) durch den Harz, die beim Harzort Stiege miteinander verbunden sind. 60 Kilometer dampft die Bahn von Wernigerode in den südlichen Harzrand nach Nordhausen (drei Stunden Fahrzeit), 35 Kilometer (in zwei Stunden) legen die rot-weißen Wägelchen der Selketalbahn zwischen Gernrode und Stiege zurück. Beste Aussicht auf den Harz bietet die Plattform des letzten Wagens. Bei Drei-Annen Hohne, dem höchsten Bahnhof der Harzquerbahn (540 Meter) zweigt die Brockenbahn ab, die freilich zur Zeit noch nur bis Schierke, unterhalb des Südhangs des Brocken, fährt. Doch die Zeiten sind vorbei, da man den Hinweis im Eisenbahn-Atlas der DDR zu beachten hatte, für die »Fahrt ins Grenzgebiet« sei ein »Passierschein erforderlich«. Auch verteilen 1990 die Behörden in Schierke keine Präsentkörbe mehr an den, der einen angereisten Fluchtwilligen namhaft machte, eine früher offiziell geübte, besonders perfide Belohnung für Denunzianten. Schließlich konnte nach dem inzwischen aufgehobenen DDR-Strafrecht schon zu einer Freiheitsstrafe verurteilt werden, wer beispielsweise gegenüber einem Spitzel den Satz sagte: »Wenn ich ein Loch finde, dann bin ich weg.« Das Delikt hieß: »Vorbereitung zur Republikflucht.«

Ortsnamen wie Elend und Sorge erinnern freilich auch daran, daß die karge Bergwelt des Harzes den Einwohnern oft nur das Allernötigste zum Überleben ließ, nachdem die große Zeit der Kaiser und mit ihnen die Silbervorkommen vorbei waren. Erst das 20. Jahrhundert mit seinem Tourismus hat auch im Harz die größten Sorgen gelindert.

Der Kyffhäuser, ein 18 Kilometer langes und sieben Kilometer breites Gebirge mit der weiträumigen Ruine der Burg Reichenstein liegt am südlichen Harzrand. Die 600 Meter lange und 60 Meter breite Burganlage mit dem 176 Meter tiefen Brunnen wurde im 11. Jahrhundert angelegt und bereits 1118 zerstört. Dort steht das monströse 81 Meter hohe Kaiser-Wilhelm-Denkmal, das zum Gedenken an die Reichsgründung errichtet wurde. In der Nähe befindet sich die 1865 entdeckte Barbarossa-Höhle. Der Sage nach leben im Kyffhäuser-Gebirge die deutschen Kaiser Otto I., Friedrich I., Friedrich II. und Friedrich Barbarossa. Barbarossa mit seinem langen roten Bart sitzt der Sage nach schlafend an einem steinernen Tisch. Alle tausend Jahre werde er von einem Raben geweckt, um zu sehen, ob das deutsche Reich zu seiner Wiederkehr nun einig sei. Der Kyffhäuser war zudem jahrelang die einzige Stelle, an der man den Text der 1943 vom Schriftsteller und DDR-Kultusminister Johannes R. Becher im Moskauer Exil gedichteten DDR-Hymne offiziell lesen konnte. Nach der vom SED-Generalsekretär Erich Honecker verfolgten Abgrenzungspolitik – der Bezug auf die deutsche Nation wurde aus der Verfassung gestrichen – waren in den Schulbüchern nur noch die Noten (Komponist Hanns Eisler) der Hymne abgedruckt, der Text aber weggelassen worden. Es störte die letzte Zeile »Deutschland einig Vaterland«, die dann zum Schlachtruf der Demonstranten in Leipzig, Dresden, Halle oder Rostock wurde. Das in Stein gehauene »Deutschland einig Vaterland« auf dem Kyffhäuser überstand jene Zeiten, in denen sich laut offizieller SED-Propaganda eine angeblich »kapitalistische deutsche Nation« in der Bundesrepublik und eine »sozialistische deutsche Nation« in der DDR herausgebildet hatten.

Saale und Unstrut durchfließen das Gebiet südlich Halle, den südlichen Teil der Provinz Sachsen und damit des Landes Sachsen-Anhalt. Städte wie Merseburg, Weißenfels, Heldrungen oder Naumburg haben im Mittelalter deutsche Geschichte geschrieben. So beginnt die Geschichte der über tausendjährigen Stadt Merseburg mit Heinrich dem Vogler. Er legte an der Saale die Königspfalz an, eine der bedeutendsten der damaligen Zeit. Otto I. gründete 968 das Bistum Merseburg, das 981 wieder aufgelöst und 1014 durch Heinrich II. neu gegründet wurde. In Merseburg fanden zwischen 933 und 1213 allein zwanzig Reichstage statt. Beim Gang durch die Stadt spürt man den Hauch der Geschichte, am dreischiffigen Dom mit seinen vier Türmen, der auf den Grundmauern einer romanischen Basilika steht oder am Schloß, das unmittelbar mit dem Dom verbunden ist. Hier finden die Merseburger Schloßfestspiele statt. Der Kolkrabe im Käfig im Vorhof des Schlosses soll daran erinnern, »nie etwas zu tun, was nicht mehr gutzumachen ist«. Nach der Merseburger Rabensage wurde einst der Diener des Bischofs Thilo von Trotha (1466–1514) des Diebstahls eines Ringes beschuldigt. Obwohl jener seine Unschuld beteuerte, wurde er hingerichtet. Später fand man den Ring in einem Rabennest.

Heute ist der Landkreis Merseburg, das von Halle aus mit der Straßenbahn zu erreichen ist, Standpunkt bedeutender chemischer Werke; die chemischen Werke Leuna (über 30000 Beschäftigte) und die Chemischen Werke Buna (18000 Beschäftigte) haben einen erheblichen Anteil an der industriellen Produktion der DDR.

Die Meißener Markgrafen gründeten im Jahre 1010 ihre »Neue Burg« an der Mündung der Unstrut in die Saale und am Kreuzungspunkt der Handelsstraßen (Magdeburg–Nürnberg und Halle/Leipzig–Erfurt). Die Neue Burg gab Naumburg den Namen. Der Bischofssitz (1028–1546) war im Mittelalter ein bedeutender Handelsplatz. Der Bischof, der zunächst auch Stadtherr war, gewährte bereits 1033 die Handelsfreiheit für übersiedelnde Kaufleute. Hier fand die bedeutende Peter-und-Paul-Messe statt. Der Niedergang Naumburgs setzte ein, als 1506 Leipzig das Messeprivileg für den Umkreis von 15 Meilen erhielt. Weltberühmt ist Naumburg durch seinen Dom, der Stilelemente der späten Romanik und der frühen Gotik vereint. Vor allem die zwölf Stifterfiguren (entstanden in der Zeit von 1250) im Westchor des Domes (14. Jahrhundert) sind die erste Darstellung einzelner Persönlichkeiten in der Baukunst, darunter »Uta von Naumburg«. Naumburg ist eine Stadt, die ihren historischen Kern durch die Jahrhunderte bewahren konnte; die Schönheiten der Stadt neben dem Dom werden von den zahlreichen Besuchern oft zuwenig beachtet. Bis 1945 war Naumburg auch Sitz des Oberlandesgerichts der preußischen Provinz Sachsen und mehrerer bedeutender Schulen. Naumburg hatte den Charakter einer Beamtenstadt. Heute wohnen vor allem Arbeiter der nahen Chemieindustrie in der Stadt.

Unweit westlich der Stadt beginnt das Weinanbaugebiet der Unstrut, das nördlichste in beiden deutschen Staaten. Buntsandstein und Kalkgestein sowie ein gerade genügend warmes Klima sorgen dafür, daß an den Südhängen von Saale und Unstrut Wein gedeiht. Die jährliche Ernte ist freilich gering, auch weil bisher in der auf Selbstversorgung bedachten DDR der Anbau von Getreide Vorrang vor dem Weinanbau hatte, die Flächen also nicht gerade zahlreich sind. Wein, so versichern Experten des zuständigen Ministeriums in Ost-Berlin, dürfe nur dort angebaut werden, wo Getreide nicht mehr gut gedeihe. Daß Sonderkulturen wie Wein erheblich mehr Geld einbringen können, hatte sich in der bisherigen Planwirtschaft des real existierenden Sozialismus noch nicht herumgesprochen. Der in Freyburg an der Unstrut und Umgebung geerntete Wein kommt schon seit Jahren kaum noch in die Geschäfte, nachdem bei den DDR-Verantwortlichen durchsickerte, daß die durchgegorenen trockenen Weine von der Unstrut oder aus dem Elbtal bei Meißen westlichen Kehlen besonders mundeten. Seitdem findet sich der Wein auf den Getränkekarten der Interhotels zum Preis von 43 und mehr DDR-Mark.

Wie eine Barriere lagen die anhaltischen Gebiete mitten in der einstmals preußischen Provinz Sachsen und trennten die beiden Großstädte Magdeburg und Halle voneinander. So war es nur folgerichtig, das Land Anhalt, das sich von Dessau aus westwärts über Bernburg und Köthen bis in das Harzstädtchen Ballenstedt (einstmals Residenz der Fürsten von Anhalt) ausdehnt, mit der damaligen preußischen Provinz Sachsen zusammenzufassen.

Das Land Anhalt entstand im 13. Jahrhundert. Beim Tode Bernhards von Askanien 1212 und der damit verbundenen Erbteilung fielen die Stammgüter an Heinrich I., der sich erster Fürst von Anhalt nannte.

Residenz der anhaltinischen Fürsten wurde 1474 Dessau, 1213 erstmals als »Dissowe« belegt. Die um 1200 entstandene Wasserburg mit einer Marktsiedlung und der Marienkirche wurde 1530 zum Schloß umgebaut. Marienkirche und Schloß sind seit dem schweren Luftangriff auf Dessau am Ende des Zweiten Weltkrieges (7. April 1945) nur noch Ruine. Damals wurde fast die gesamte Innenstadt zerstört. Unter Leopold I. (1676–1747), dem »Alten Dessauer«, setzte sich in Anhalt der Absolutismus durch; die Stadt erhielt mehrere Adelspaläste. Durch Erbteilungen war das Land Anhalt in einzelne Fürstentümer zerrissen. Residenzen waren neben Dessau Zerbst, Köthen und Bernburg. Das Fürstentum Anhalt-Dessau erlangte in der zweiten Hälfte des 18. Jahrhunderts eine besondere Bedeutung. Der junge Fürst Leopold Friedrich Franz, Repräsentant des aufgeklärten Absolutismus, brachte von Reisen nach England, Frankreich, Italien und anderswo her Ideen mit, die die Stadt an der Mündung der Mulde in die Elbe zu einem kulturellen Zentrum machten. Der Baumeister Friedrich Wilhelm von Erdmannnsdorf errichtete in Dessau die ersten Bauten des Klassizismus in Deutschland, die beiden Schlösser Georgium und Luisium, und im nahen Wörlitz das Schloß. In Wörlitz entstand dann auch bald der erste Park in englischem Stil auf deutschem Boden mit Seen, Wassergräben und Kanälen, Tempeln, Grotten und Brücken. Dabei versuchte der Fürst, seine Reiseerlebnisse zu verewigen und sie den Menschen seines Ländchens zugänglich zu machen: er ließ Nachbildungen der ersten eisernen Brücke in Europa, der Coalbrookdale-Bridge in England, einer chinesischen Hängebrücke und der Blauen Grotte auf Capri errichten. Der Vesuv, dessen Nachbildung sogar Feuer speien konnte, wurde ebenso nachgebaut wie sein Feriendomizil auf Sizilien, die Villa Hamilton. Zum Wörlitzer Park gehört ein Palmengarten, eine Roseninsel mit 6000 Rosenstöcken, ein Labyrinth und die Nachbildung der ersten Grabstätte Jean Jaques Rosseaus im Park von Ermenonville. Europa schaute damals auf Dessau, nicht wegen der Landschaftsparks, sondern wegen der von Jo-

Im »Bauhaus«-Gebäude in Dessau, an beiden Ufern der Mulde bei der Mündung in die Elbe gelegen, befindet sich das »Bauhaus«-Museum, das an die berühmte Hochschule für Gestaltung aller künstlerischen Disziplinen unter Mitarbeit berühmter Künstler, die hier von 1925 bis 1932 wirkten, erinnert.

Eingang zu dem von Walter Gropius 1925/26 in Dessau errichteten »Bauhaus«-Schulgebäude, das schon damals als »Tempel der modernen Architektur« bezeichnet wurde.

BAUHAUS

hann Bernhard Basedow begründeten neuen Erziehungsprinzipien und neuer Schulgründungen, wegen der Förderung des Buchhandels, des Theaters und der Musik, wegen neuer Bauten. »Zierde und Inbegriff des 18. Jahrhunderts« nannte sie der Dichter Wieland und J.G.J. Bötticher schrieb 1778 über Dessau, »daß man eben deshalb freyer zu athmen meint«. Auch die Religionsgruppen, Calvinisten, Reformierte, Lutheraner, Juden und die wenigen Katholiken lebten ohne Probleme, von jedem toleriert, nebeneinander. Im Mittelalter hatten sich die anhaltinischen Fürsten als erste der Reformation zugewandt.

In dem liberalen und toleranten Klima fand 1925 auch das von Weimar vertriebene, 1919 dort gegründete, Bauhaus eine neue Heimat. An der weltberühmten Hochschule für Gestaltung aller künstlerischen Disziplinen lehrten Walter Gropius, Ludwig Mies van der Rohe, Paul Klee, Wassili Kandinsky, Lyonel Feininger und viele andere, bis 1932 im Lande Anhalt die NSDAP Adolf Hitlers die Regierung übernahm und die Mitarbeiter des »Bauhauses« in alle Welt, vor allem in die USA, sich zerstreuten. Wer nach Dessau kommt, sollte einen Besuch im von Gropius geschaffenen Bauhaus-Gebäude, schon damals »Tempel der modernen Architektur« genannt, nicht versäumen. Dort befindet sich heute das Bauhaus-Museum.

Heute ist Dessau vor allem eine Industriestadt mit einem Waggonbaubetrieb (Kühlwagen), einem Betrieb für Regler und Meßgeräte, einem Elektromotorenwerk, einer Maschinenfabrik und einer Eisengießerei. Der wohl berühmteste Betrieb Dessaus waren einmal die Junkerswerke. Deren Chef Hugo Junkers, Erfinder und Konstrukteur, entwickelte 1915 das erste Ganzmetallflugzeug, die Ju 52, in den dreißiger und vierziger Jahren das beständigste Flugzeug. Die Junkerswerke wurden nach 1945 von der sowjetischen Besatzungsmacht demontiert.

Dessau am Elbeübergang liegt verkehrsgünstig: Autobahn, mehrere Fernstraßen, mehrere Bahnlinien und ein Binnenhafen sorgen für gute Anschlüsse.

Bernburg an der unteren Saale war jahrelang Residenz derer von Anhalt-Bernburg. Die Schloßanlage über dem Tal gehört mit zu den schönsten der vielen Saaleschlösser. Die Salzvorkommen im Kreis (Kalisalz, Steinsalz) wertet der VEB Solvey aus.

Die im Jahre 1007 urkundlich belegte »urs Zirwissti« erhielt 1209 das Stadtrecht. Von 1603 bis 1793 war Zerbst Residenzstadt der Fürsten Anhalt-Zerbst. Bombenangriffe in den letzten Tagen des Zweiten Weltkrieges zerstörten Zerbst fast vollständig und damit eines der am besten erhaltenen Stadtbilder östlich der Elbe.

Das Land Sachsen-Anhalt weist noch eine historisch bedingte Besonderheit auf. Die meisten der Wirkungsstätten des Reformators Martin Luther und auch einige seines Gegenspielers, des Führers im Bauernkrieg und Theologen Thomas Müntzer, sind innerhalb des Landes zu finden. (Erfurt, wo Luther als Mönch lebte, gehörte bis 1945 zur Provinz Sachsen.)

In der ehemaligen Bergbaustadt Eisleben wurde Martin Luther am 14. November 1483 geboren, in dieser Stadt starb er 63 Jahre, 2 Monate und 10 Tage später, wie auf seinem Grabstein in der Wittenberger Schloßkirche vermerkt ist. Seit 1946 führt Eisleben den Beinamen Lutherstadt, im Geburtshaus und im Sterbehaus sind Luthermuseen eingerichtet. Die alte DDR-Führung verwies in Eisleben gern auf die Arbeitertraditionen dieser Bergmannstadt, die seit 1180 Stadtrechte hat. Denn der Kupferschieferbergbau bestimmte jahrhundertelang die Entwicklung der Stadt; heute wird er dort nur noch verhüttet; abzubauen ist Kupferschiefer nur noch im Kreise Sangerhausen.

Mansfeld, das Städtchen, in dem Martin Luther zur Schule ging, liegt im Kreis Hettstedt. Die Stadt ist von inzwischen bepflanzten Halden des Kupferschieferabbaus umgeben. Stadtrecht erhielt der 973 erstmals urkundlich belegte Ort zum Ende des 13. Jahrhunderts. »Es sind manche Präzeptoren so grausam wie die Henker«, hat Martin Luther über seine Schulzeit geschrieben, »die selbst nichts gekonnt und nichts Guts noch Rechts haben mögen lernen, ja, auch die Weise nicht gewußt, wie man doch lernen und lehren soll.« Luthers Bemühungen um eine Schulreform fußten wohl auf seinen persönlichen Erfahrungen in der Schule.

An der Kreuzung der Handelsstraßen Hannover–Dresden und Leipzig–Berlin liegt Wittenberg, das 1293 Stadtrecht erhielt und das der Kurfürst Friedrich der Weise von Sachsen zu seiner Residenz erhob. 1502 erhielt Wittenberg die erste landesfürstliche Universität in Deutschland. Der Augustinermönch Luther kam zum Wintersemester 1508/09 als Dozent für Moralphilosophie. 1511 siedelte er endgültig über; Wittenberg wurde zum »protestantischen Rom«. Als Luther am 31. Oktober 1517 an die Schloßkirche der Stadt seine 95 Thesen anschlug, wollte er eine wissenschaftliche Disputation über den Mißbrauch des Ablaßhandels auslösen und leitete damit die Reformation ein.

Im Vorfeld des Lutherjahres (500. Geburtstag des Reformators) wurde Wittenberg, das auch den Beinamen Lutherstadt führt, restauriert. Glanzstück der Architektur ist das Renaissance-Rathaus (1524–1540 erbaut). Die Rollenverteilung von Staat und Kirche in Wittenberg hatte die atheistische Staatsführung und die Evangelische

Nahe Dessau, auf dem Areal eines entwässerten Sumpfgebietes südlich der Elbe, ließ Fürst Leopold Friedrich Franz von Anhalt-Dessau im 18./19. Jahrhundert einen weitläufigen Landschaftspark im englischen Stil mit dem Sommersitz Schloß Wörlitz anlegen. Im Bild eine von mehreren Brücken über viele künstlich angelegte Seen, Wassergräben und Kanäle in diesem Park.

Das Gotische Haus im Wörlitzer Park, von Georg Christoph Hesekiel zwischen 1773 und 1813 erbaut, enthält heute kostbare Sammlungen von Glasmalereien des 15. bis 17. Jahrhunderts und Gemälde von Lukas Cranach d.Ä.

Kirche zur Zusammenarbeit verpflichtet: Die spätgotische Schloßkirche (mit der 1858 geschaffenen bronzenen Thesentür) und die Türme der Stadtkirche, der Predigtkirche Luthers, gehören dem Staat als Rechtsnachfolger Preußens; das Krankenhaus der Stadt aber gehört der Kirche.

Bei dem demokratischen Aufbruch, der friedlichen Revolution in der DDR 1989/1990 hat die evangelische Kirche eine besondere Rolle gespielt. Sie bot den Jugendlichen, die das Parteichinesisch und die Militarisierung in Schule und Freizeit über hatten, Freiraum, wo sie sich zumindest staatlicher Kontrolle (Stasi) entziehen konnten. Auf ihren Synoden (demokratisch gewählten Kirchenparlamenten) klagte die Kirche immer wieder die Defizite der DDR-Gesellschaft an: »Die Mauer macht die Menschen krank«, sagte der Erfurter Propst Heino Falcke auf der Synode in Görlitz 1987. Der Beschluß der Eisenacher Synode 1989 war praktisch ein Parteiprogramm.

Welche Katalysator-Rolle die evangelische Kirche in diesem Umbruch gespielt hat, zeigt ein Blick auf die Parteien, die sich nach der Wende formierten. An der Spitze der ehemaligen Blockpartei (»Block« bedeutete an der Leine der SED) steht jetzt der Vizepräses der Bundessynodale, Lothar de Mazière; sein Generalsekretär ist der ehemalige Thüringer Oberkirchenrat Martin Kirchner. Bei der anderen konservativen Partei »Demokratischer Aufbruch« bilden der für die Kirche tätige Anwalt Wolfgang Schnur und der Ost-Berliner Pfarrer Rainer Eppelmann die Führung; an der Spitze der »Deutschen Sozialen Union« steht der Leipziger Pfarrer Werner Ebeling, der aber an der Revolution keinen Anteil hatte. Die neue Sozialdemokratie wurde von Pfarrern gegründet; der Geschäftsführer der SPD, Ibrahim Böhme, war jahrelang aktiv in kirchlichen Menschenrechtsgruppen tätig; die SPD riefen neben Böhme die Pfarrer Markus Meckel, Gutzeit und Arndt Noack ins Leben. Der Runde Tisch, das Kontrollorgan der Regierung bis zu den Wahlen am 18. März 1990, an dem sich Vertreter der Regierung und der Opposition gegenübersaßen, wurde von Vertretern der evangelischen und der katholischen sowie der Freikirchen geleitet. Die ersten Sitzungen fanden in kirchlichen Räumen statt.

Die zweite Gruppierung, die unter dem jahrzehntelangen »Kommandosozialismus« der SED freier denken konnte, waren die Künstler, die bei ihren Äußerungen freilich auch auf die Kirche und ihren Freiraum zurückgreifen mußten.

An der Kreuzung der Handelsstraßen Hannover–Dresden und Leipzig–Berlin liegt Wittenberg, das »protestantische Rom« im 16. Jahrhundert, wo Martin Luther am 31. Oktober 1517 an die Tür der Schloßkirche seine 95 Thesen anschlug, mit denen er eine wissenschaftliche Disputation über den Mißbrauch des Ablaßhandels auslösen wollte und damit die Reformation einleitete. Im Bild der Marktplatz in Wittenberg mit der Marienkirche im Hintergrund und – im Vordergrund – den von Baldachinen überspannten Standbildern Luthers (1821 von Gottfried Schadow) und Melanchthons (1860 von Friedrich Drake).

REISEBÜRO

Sachsen

»bewegtes Meer aus Erde« im Hügelland zwischen Dresden, Leipzig und seinen Gebirgen

Blick auf Schloß Hartenfels und die Marienkirche in Torgau an der Elbe. In dem zwischen dem 15. und 17. Jahrhundert erbauten Frührenaissanceschloß Hartenfels, das als Residenz von Kurfürst Friedrich dem Weisen von Sachsen zu einem kulturellen Zentrum wurde, fand 1627 die erste deutschsprachige Opernaufführung, »Daphne«, von Heinrich Schütz statt.

Im Süden der DDR geben die Sachsen den Ton an. »Sächsischer Zwergstaat mit Drang zur Ostsee«, charakterisierte das Leipziger Kabarett »Die Pfeffermühle« einmal den zweiten deutschen Staat. Gelegentlich werden die Sachsen auch als das eigentliche Staatsvolk der DDR bezeichnet. »Der Sachse ist der Welt bekannt/ als braver Erdenbürger,/ und fährt er ringsrum durch das Land,/ da macht er keinen Ärger.« So reimte der Leipziger Kabarettist Jürgen Hart von den »Akademixern«, um die sprichwörtliche Friedfertigkeit dieses deutschen Volksstammes auszudrücken. Freilich, so brav wie in dem Liedtext waren die Sachsen in den Oktobertagen des Jahres 1989 nicht. Demonstrationen in Dresden und vor allem in Leipzig, wo am 9. Oktober trotz massiver staatlicher Drohungen über 50000 Menschen auf die Straßen gingen – nach Friedensgebeten in mehreren Leipziger Kirchen –, lösten den Wechsel an der Spitze der SED und den Wandel zur Demokratie aus. An den Montagen nach dem 9. Oktober verdoppelte sich die Zahl der Demonstranten: 100000, 200000, 400000. Am 4. November fand dann in Ost-Berlin eine Großdemonstration statt, zu der die Künstlerverbände der DDR aufgerufen hatten und an der nach Schätzungen unabhängiger Beobachter fast eine Million Menschen teilnahmen.

In Dresden ist es in der ersten Oktoberwoche 1989 täglich zu Demonstrationen gekommen, am Abend des 7. Oktober marschierten über 100000 Menschen nach einem Gebet in der Kreuzkirche durch die Stadt, an der Semperoper vorbei, über die Elbe durch die Neustadt am Goldenen Reiter vorbei und zurück auf den Alten Markt, wo sich dann der Zug auflöste. Diese Großdemonstration mag mit dazu beigetragen haben, daß Dresdens Oberbürgermeister Wolfgang Berghofer zu den eifrigsten Reformern in der SED gehörte, er wurde Anfang Dezember in der zunächst in SED-PDS und dann in PDS (Partei des Demokratischen Sozialismus) umgewandelten SED stellvertretender Vorsitzender, trat aber Ende Januar aus der Partei aus, weil ihm der Reformprozeß nicht weit genug ging.

Die Sachsen haben ein historisches Trauma. Sie meinen bei wichtigen Entwicklungen in der Geschichte »auf der falschen Seite gestanden« zu haben. Und so sieht es ja auch aus: Im Nordischen Krieg (1701–1721) gehörten sie zu den Gegnern Schwedens; König August der Starke, zugleich König von Polen, verlor so den Königstitel sowie Amt und Würden in Polen. Im Zweiten Schlesischen Krieg waren sie mit Österreich verbündet; das bekam ihnen nicht gut. Im Siebenjährigen Krieg (1756–63), Sachsen war wieder mit Österreich verbündet, führte Friedrich II. (der Große) einen Präventivkrieg gegen Sachsen und zog in Dresden ein. 1806, Napoleon beherrschte Europa, stellte Sachsen sich auf die Seite Frankreichs und die Franzosen belohnten Fürst Friedrich August mit der Königswürde. Doch als die französischen Truppen, die sächsischen ihnen zur Seite, in den Befreiungskriegen (Völkerschlacht bei Leipzig 1813) entscheidend geschlagen wurden, blieben die Sachsen treu an ihrer Seite. Die Quittung erhielten sie 1815 auf dem Wiener Kongreß, als Deutschland und Europa neu geordnet wurden: Sachsen mußte den Nordteil des Landes, die Gebiete um Halle und um Magdeburg, an Preußen abgeben, das daraus zusammen mit Erfurt die preußische Provinz Sachsen machte: Hauptstadt Magdeburg.

Freilich, auf eine historische Entwicklung sind die Sachsen auch besonders stolz. Als August der Starke zum Katholizismus übertrat (um in Polen König werden zu können), setzte er den im Dreißigjährigen Krieg festgeschriebenen Grundsatz cuius regio eius religio, was soviel heißt, daß die Untertanen den gleichen Glauben wie das Herrscherhaus zu haben hätten, außer Kraft. Der Katholik August blieb sogar Leiter der evangelischen Reichsstände (Leiter der katholischen Reichsstände war der katholische Kaiser). In Religionsfragen ist man in Sachsen tolerant, lautet der gängige Spruch zwischen Dresden und Leipzig. So ist denn auch in Dresden die Hofkirche eine katholische Kirche, während die anderen mittelalterlichen Kirchen nicht nur in Dresden in aller Regel evangelisch sind.

Als »bewegtes Meer aus Erde« hat Heinrich von Kleist in einem Brief an seine Braut das Land genannt – ein treffendes Bild, gehört doch zu dem ehemaligen Königreich, das sich 1920 eine demokratische Verfassung gab, nicht nur das Hügelland zwischen Dresden und Leipzig, sondern auch das Erzgebirge, das Elbsandsteingebirge, das Zittauer Gebirge, das Lausitzer Bergland und das Vogtland.

Die zentrale Lage, aber auch die Bodenschätze

Beim Bau der Mädlerpassage in der Grimmaischen Straße 2 blieb der Keller der 1525 eröffneten Weinschenke eines aus dem fränkischen Auerbach stammenden Medizinprofessors erhalten, der durch die Kellerszene in Goethes »Faust« berühmt wurde. An die Szene erinnert diese Figurengruppe, die sich am Eingang der Mädlerpassage befindet und 1913 von M. Molitor für »Auerbachs Keller« geschaffen worden ist.

Die alte Messestadt Leipzig ist nach Ost-Berlin die zweitgrößte Stadt der DDR. Im Bild ragt hinter dem Mägdebrunnen das 143 Meter hohe Universitätshochhaus mit 34 Stockwerken hoch, vom Volksmund »Weisheitszahn« getauft. Es gehört zu den zwischen 1968 und 1975 neu errichteten Universitätsbauten.

Die Ratsstube im Alten Rathaus in Leipzig, das im Renaissance-Stil im Jahre 1556 innerhalb von 9 Monaten zwischen zwei Messen erbaut wurde. Der Aktenschrank, im Bild rechts, stammt aus dem Jahre 1592.

Der weltberühmte Leipziger Thomanerchor, hervorgegangen aus der 1212 gegründeten Thomasschule, bei einer »Freilichtprobe« mit Kantor Hans-Joachim Rotsch vor dem von Carl Seffner 1908 geschaffenen Denkmal Johann Sebastian Bachs. Im Hintergrund die 1482 bis 1496 errichtete Thomaskirche.

– Silber, Zinn und Kohle aus dem Erzgebirge – machten Sachsen zu einem natürlichen Handelszentrum und später zu einem Industriegebiet. Um Chemnitz herum, der bevölkerungsreichsten Gegend in der ganzen DDR, sind Maschinen- und Fahrzeugbau sowie Textilindustrie die wichtigsten Industriezweige. In Zwickau wird der Kleinwagen »Trabant« (26 PS), ein »Plastikbomber«, hergestellt, der nach Öffnung der Grenzen für die westdeutsche Bevölkerung zum »Auto des Jahres« wurde; schließlich ist jedes zweite in der DDR zugelassene Auto ein Trabant. Motorräder der Marke MZ kommen aus Zschopau. Aber auch Limbach-Oberfrohna, Werdau, Flöha, die Gegend um Dresden mit Freiberg, Pirna und Altenberg sind Industriestandorte. Da ist es kein Wunder, daß auch die Arbeiterbewegung in Sachsen stark verwurzelt ist. 1848 wurde in Leipzig das Central-Comite der deutschen Arbeiter gegründet. 1864 gründete Ferdinand Lassalle in Leipzig den »Allgemeinen Deutschen Arbeiterverein«, die Geburtsstunde der SPD. 1903, nach der Aufhebung des Bismarckschen SPD-Verbots, wählten die Sachsen in allen Wahlkreisen, mit einer Ausnahme, mit Mehrheit SPD; insgesamt 60 Prozent. Der Führer der SPD-Fraktion im Deutschen Reichstag, August Bebel, hatte seinen Wahlkreis im Erzgebirge.

Wer nach Sachsen kommt, sollte wenigstens wissen, daß die Menschen dort eines über alles lieben: den Kaffee. Schon Johann Sebastian Bach, der langjährige Kantor an der Leipziger Thomaskirche, hat diese Liebe in Musik und Worte gesetzt: »Die Mutter liebt den Coffee-Brauch,/ die Großmutter trank solchen auch, / Wer will nun auf die Töchter lästern?/ Die Sachsen bleiben Coffee-Schwestern.« Solange das Kilo Kaffee in der DDR noch 40 Mark kostet, kann der Besucher aus dem Westen mit einem Kaffee-Päckchen den Gastgeber in Sachsen stets erfreuen. Tee-Liebhaber haben es dagegen in Sachsen schwer: selbst in renommierten Cafés kann es passieren, daß der Kellner verständnislos schaut, wenn eine Tasse Tee bestellt wird. Übrigens sollte der Sachsen-Besucher wissen, daß »Bemme« auf hochdeutsch »Schnitte« heißt; die »Bemme«, die »Fettbemme« (Schmalzstulle) gar, wird ebensooft angeboten wie »e Tässche Goffee«. Es empfiehlt sich, noch weitere Wörter aus dem Sachsen-Wortschatz zu kennen: Bibbin = Puppe, didschn = eintunken, Guschemund oder Dräggschleider = Schandmaul, Rannziehglas = Opernglas, zuich = geschlossen.

Sprichwörtlich ist die Reiselust der Sachsen; und so empfanden sie es wohl als besonders schlimm, daß ihnen die Mauer das Reisen in Richtung Westen 28 Jahre lang verwehrt hat.

Da gerade Klischees an der Reihe sind: Die Erkenntnis der Altvorderen, daß in Sachsen die schönen Mädchen auf den Bäumen wachsen, ist ebenso richtig wie die, daß die Sachsen gleich nach dem Kaffee die Musik lieben, vielleicht sogar umgekehrt. Jürgen Harts Text und Lied über die Sachsen, längst zur heimlichen »Nationalhymne« erkoren, hat den Refrain: »Sing mei Sachse sing! Es is e eichen Ding und ooch e tichtches Glick um den Zauber der Musik...« Bach ist nur einer von vielen Musikern, die in Sachsen gewirkt haben: Heinrich Schütz ist da zu nennen, Paul Gerhardt, Robert Schumann, Felix Mendelssohn-Bartoldy. Und als Georg Friedrich Händel lebte, war seine Stadt Halle/Saale schließlich auch noch mitten in Sachsen.

Kurt Masur, heute Kapellmeister des Leipziger Gewandhauses und vor allem Musikfreunden in aller Welt bekannt, hat im DDR-Aufbruch auch politisches Profil gewonnen. Mit seinem Aufruf zur Gewaltlosigkeit, über die Stadtlautsprecher am 9. Oktober verbreitet, und mit den von ihm initiierten Leipziger Sonntagsgesprächen im Gewandhaus, hat er viel zur Entschärfung der Lage beigetragen und gilt für viele als der eigentliche Held von Leipzig.

»Vom Nürnberger Platz bis zum Albertplatz steht kein Haus mehr. Das ist ein Fußmarsch von etwa vierzig Minuten... Fünfzehn Quadratkilometer Stadt sind abgemäht und fortgeweht... Die vielen Kasernen sind natürlich stehengeblieben. Hätte statt dessen nicht die Frauenkirche lebenbleiben können oder das Dinglinger-Haus am Jüdenhof oder das Coselpalais... Eine der schönsten Städte der Welt wurde von einer längst besiegten Horde und ihren gewissenlosen militärischen Lakaien unverteidigt dem modernen Materialkrieg ausgeliefert.«

Diese Sätze schrieb der Schriftsteller Erich Kästner 1945 über seine Heimatstadt Dresden. Mit der »längst besiegten Horde« meinte er die Nationalsozialisten, die unmittelbar nach der Machtergreifung 1933 Bücher verbrannten und dann in den Konzentrationslagern Menschen, bis in Deutschland, Städte brannten. Dem Sprachrohr des Reichspropagandaministers Joseph Goebbels, »Der Angriff«, fiel nach der Bombardierung Dresdens in der Nacht vom 13. auf den 14. Februar, die zehntausende Menschen das Leben kostete, der Satz ein: »... daß man von dem, was den Begriff Dresdens ausmachte, nur noch in der Vergangenheit sprechen kann.«

Der »Begriff Dresden«, das war der unter dem lebenslustigen Sachsenkönig August dem Starken in seiner Residenzstadt angehäufte Glanz, den seine Nachfolger kräftig mehrten: Sachsens Glanz als Widerpart zu Preußens Gloria.

Die Wunden jener Bombennächte, als zuerst britische Flugzeuge ihre tödliche Fracht über der Elbestadt abluden, tags darauf dann amerikanische,

Blick über die Elbe auf die Albrechtsburg und die Türme des Doms von Meißen. Die Albrechtsburg wurde 1471 unter Arnold von Westfalen begonnen, fertiggestellt 1481. Die gotische Hallenkirche des Meißener Doms mit Querschiff wurde 1265 begonnen, das ganze Bauwerk im 16. Jahrhundert vollendet. Die Aufsätze und Helme der Domtürme schuf zwischen 1904 und 1909 Karl Schäfer.

und der Feuerschein noch im hundert Kilometer entfernten Halle zu sehen war, sind noch nicht vernarbt. Der Polizeibericht meldete 74 Großbrände (meist Flächenbrände), 2461 Mittelbrände und 2363 Kleinbrände. Zwischen Altmarkt und Neumarkt ragt die Ruine des Schlosses in den Himmel; Bauarbeiter sind jetzt dabei, das Schloß wieder aufzubauen; bis zum Jahre 2000 wollen sie es geschafft haben. Neben dem Schloß die Ruine des Taschenbergpalais, eines der großen Werke des Baumeisters Matthäus Daniel Pöppelmann, ein Palais, das August der Gräfin Cosel – vorübergehend – überließ, solange, bis sie versuchte, sich in die Politik einzumischen. Große kahle Flächen – meist als Parkplätze ausgewiesen – sagen dem Kundigen, daß hier einst Dresdner Barockhäuser, manchmal auch Barockpaläste, standen, zwischen Neumarkt und Jüdenhof, zwischen Prager Straße und der neugeschaffenen Leningrader Straße. Mit einem Stadtplan aus der Zeit vor der Zerstörung der Stadt käme man nicht mehr zurecht, denn die meisten Straßen in der Innenstadt gibt es nicht mehr, nicht mehr die Kleine Brüdergasse und die Große Brüdergasse, auch nicht mehr die Scheffelstraße oder die Zahnsgasse, nicht mehr die kleine Plauensche Gasse und auch nicht mehr die Reitbahngasse – um nur einige zu nennen. Sie alle und eine Reihe anderer fielen der Spitzhacke zum Opfer; schließlich waren 17 Millionen Kubikmeter Schutt zu beseitigen.

Dresden wird 1206 erstmals urkundlich erwähnt; zehn Jahre später wurde es Stadt. Silberfunde im Erzgebirge hatten dem Elbeübergang Bedeutung gebracht, 1275 ist eine feste Elbbrücke urkundlich belegt, 1287 als Steinbau. Auf dem nördlichen Elbufer entwickelte sich Altendresden (heute Dresden-Neustadt), das 1403 Stadtrechte erhielt.

Mit der Niederlassung der Albertiner wurde Dresden 1485 Residenzstadt. In der Reformationszeit blieb die Stadt zunächst katholisch, bis sich 1539 auch hier die Reformation durchsetzte. Mit der Kurwürde für den Albertiner Moritz nahm Dresden einen ersten Aufschwung. »Rechenmeister« Adam Riese wurde Leiter des Münzmeisteramtes. Die mittelalterliche Burg wurde zum Schloß umgebaut; 1550 kam Altendresden »durch Fürstenspruch« zu Dresden, die Stadt entwickelte sich auf beiden Ufern der Elbe. In dieser Renaissance-Periode entstand das Georgentor, Stallhof, Zeughaus und Langer Gang als prächtige Bauten. Eine Hauptstadt von europäischem Rang wurde Dresden aber erst unter Friedrich August I., der in die Geschichtsbücher als August der Starke einging. Vom Ende des Dreißigjährigen Krieges bis 1755 vervierfachte sich die Einwohnerzahl von 16 000 auf 63 000.

Unter August (Beginn seiner Regierung 1694), seit 1697 König von Polen wurde (»durch Bestechung«, wie der Dresden-Führer vermerkt), entstand die Barockstadt. Nach dem Taschenbergpalais baute Pöppelmann das bedeutendste Bauwerk der Stadt, den Zwinger, Baubeginn 1711. Das Bauwerk, zunächst Festplatz und Orangerie, wurde seit 1728 Heimstätte für eine Reihe wertvoller Kunstsammlungen. Das Glanzstück des Zwingers, der Wallpavillon, gleicht einer Laterne. Er besteht nur aus Schäften und Fenstern. Eine der schönsten barocken Brunnenanlagen ist das Nymphenbad hinter dem Französischen Pavillon. Vor allem die Frauenkirche (Grundsteinlegung 1726) verschönerte das Stadtbild. Der Bau der Hofkirche (1739) unter Augusts Sohn (Baumeister Gaetano Chiaveri) sorgte dann für die berühmte Silhouette, wie sie Canaletto gemalt hat. Die Semperoper wurde 1871/78 nach Plänen von Gottfried Semper von dessen Sohn Martin errichtet (Sempers erster Bau brannte 1869 ab).

Touristischer Treffpunkt in Dresden ist die Brühlsche Terrasse am Elbufer, »Balkon Europas« genannt, die umgebaute Stadtbefestigung, die sich der sächsische Minister Graf Brühl von August III. hat schenken lassen und zu einem privaten Lustgarten über dem Elbufer umwandeln ließ.

Trotz der Zerstörung 1945 wurden zahlreiche bedeutende Bauwerke nach 1945 wieder aufgebaut. Über die Weiterverwendung der Ruine der Frauenkirche ist noch nicht entschieden: Soll sie als Denkmal stehen bleiben oder wiederaufgebaut werden? War sie doch über zweihundert Jahre prägender Teil des Dresdner Stadtbildes. Seit 1983 versammeln sich Tausende Dresdner jeweils am Abend des 13. Februars zum Gedenken an die Bombennacht in der Kreuzkirche, um dann mit Kerzen zur Ruine der Frauenkirche zu ziehen. Diese Gottesdienste in der Kreuzkirche waren Jahr für Jahr eine Mahnung an die Herrschenden der früheren Einheitspartei, für den inneren Frieden zu sorgen und den Dialog mit Andersdenkenden zu führen. Gerade diese Veranstaltungen standen stets unter guter Beobachtung des Anfang 1990 aufgelösten DDR-Staatssicherheitsdienstes, der nach einem inzwischen als verfehlt eingestandenen Sicherheitskonzept Andersdenkende »flächenmäßig total« zu überwachen hatte. Die »Stasi« oder auch »VEB Guck, Horch und Greif« hat vielen Menschen in der DDR Wunden geschlagen; doch ihr hartes Auftreten hat bei der Bevölkerung das Maß voll werden lassen, hat zur Überzeugung geführt, mit dem »Kommando-Sozialismus« müsse endlich Schluß sein.

Zum Wandel haben Dresdens Bürger entscheidend beigetragen. Nachdem die DDR-Führung sich entschlossen hatte, die Flüchtlinge in der Prager Botschaft in die Bundesrepublik ausreisen zu

Als schlichtes Jagdschloß ließ Herzog Moritz am Rande des Friedewaldes, einem bevorzugten Jagdrevier der sächsischen Kurfürsten und Könige, von 1542 bis 1546 im Renaissance-Stil Moritzburg errichten, das dann unter August dem Starken zwischen 1723 und 1736 von Matthäus Daniel Pöppelmann zu einem barocken Prachtschloß aus- und umgebaut wurde und zu dem vom nahen Dresden aus eine schnurgerade Allee hinführte.

Originalgetreu wurde in den letzten Jahren die durch Bomben 1945 zerstörte Semper-Oper am Dresdener Theaterplatz (einst 1871 bis 1878 nach Plänen von Gottfried Semper im Stil der italienischen Hochrenaissance erbaut) wieder errichtet. Im Bild eine Ballett-Elevin in der neuen Semper-Oper.

Als Mahnmal für die Opfer des alliierten Luftangriffs auf Dresden am 13./14. Februar 1945 blieb die Ruine der Frauenkirche am Neumarkt der Dresdener Altstadt unverändert erhalten. Das Denkmal Luthers davor schuf 1855 Adolf Donndorf.

Der Glockenspielpavillon des Dresdener Zwingers, Teil der schönsten und kostbarsten Barockbau-Anlage Deutschlands, am Theatermarkt in Dresden, deren Kriegsschäden ebenfalls durch Wiederaufbau beseitigt worden sind.

lassen und die Züge über Dresden und Plauen in das bayrische Hof fahren zu lassen, versammelten sich Tausende Ausreisewilliger auf dem Bahnhof und davor. Während die Führung im damaligen SED-Zentralorgan »Neues Deutschland« den bösen Satz drucken ließ, diesen Menschen sei »keine Träne nachzuweinen«, hofften viele, auf die Sonderzüge aufspringen zu können. In der ersten Oktoberwoche kam es in Dresden Abend für Abend zu Großdemonstrationen; am 9. Oktober lud Oberbürgermeister Berghofer eine »Gruppe der 20« zu Gesprächen.

Nicht nur Dresden, das Jahr für Jahr Hunderttausende Besucher anzieht, auch die Umgebung lohnt einen Besuch: das Elbsandsteingebirge elbaufwärts, das von Dresden auch in einer herrlichen Elbefahrt mit dem Raddampfer zu erreichen ist (kein Felsen wird in der DDR sooft bestiegen wie der Basteifelsen), die elbaufwärts gelegene Festung Königstein, die jahrzehntelang sächsisches Staatsgefängnis war und von der man einen ebenso herrlichen Blick auf das Elbtal hat wie vom Basteifelsen.

Das Elbsandsteingebirge, eine einzigartige Felslandschaft, wird von den einheimischen »Sächsische Schweiz« genannt. Die Landschaft hier erinnert an die Toskana. Da die Sandsteinschichten der natürlichen Abtragung unterschiedlichen Widerstand entgegensetzen, ist eine vielfältige bizarre Felslandschaft entstanden, aus der mehrere Tafelberge mit steilen Hängen herausragen: der Große Zschirnstein (560 m), der Pfaffenstein (429 m), die Schrammsteine (386–417 m), der Lilienstein (412 m), der Königstein (361 m) und die Bastei (305 m). Es gibt auch zahlreiche Höhlen und Felsüberhänge. Ein besonderer Anziehungspunkt sind die über tausend Kletterfelsen.

Mit der Straßenbahn zu erreichen (Linie 4) ist Schloß Pillnitz, ebenso auch Radebeul (Linien 4 und 5), wo das Wohnhaus des Mannes steht, der Millionen Jugendlichen mit seinen erfundenen Geschichten schlaflose Nächte bereitet hat und der in der DDR erst seit 1983 wieder wohlgelitten ist. »Herrlicher sächsischer Lügenbold«, nennt ihn Schriftsteller Hermann Kant. Von Radebeul lohnt eine Fahrt mit der Schmalspur-Bimmelbahn nach Moritzburg zum Pöppelmann-Schloß (das nahe Restaurant »Waldkater« ist eine der beliebtesten Gaststätten Sachsens) und zu Wanderungen um die Moritzburger Teiche.

Nördlich von Dresden liegt Meißen, die Stadt, von der die sächsische Geschichte einst ausging. 929 bauten die frischgebackenen Markgrafen auf einem Felsen über der Elbe die Zwingburg Misni. 968 wurde Meißen Bischofssitz. Als im 12. Jahrhundert die Markgrafenwürde erblich wurde, »sammelten« die Wettiner all jene Ländchen und Gebiete zusammen, aus denen im 15. Jahrhundert das Kurfürstentum Sachsen entstand. 1470 ließen die Fürstenbrüder Ernst und Albrecht eine neue große Burg in Meißen errichten; doch als sie fertig war, hatten sie sich zerstritten und ihren Staat geteilt. Die Albrechtsburg wurde nicht mehr benutzt, Dresden wurde die Residenz.

Erst seit 1710 spielt Meißen wieder eine Rolle. Damals verlegte August der Starke die gerade gegründete Porzellanmanufaktur auf die gut zu schützende Burg.

Denn das von Friedrich Wilhelm Böttger erfundene »Weiße Gold« – Hartporzellan – war Goldes wert. Die Meißner Tonerde, die sonst nirgendwo auf der Welt vorkommt, machte dieses Porzellan unvergleichlich und die Handbemalung verleiht ihm besonderen Reiz. Die DDR füllte damit jahrelang ihre Devisenkassen, freilich nicht so sehr zum Nutzen und Frommen der Bevölkerung, sondern zum angenehmen Leben für die Herrschenden, die nur vorgaben, alles für das Wohl des Volkes tun zu wollen.

Es gibt in der DDR nur zwei Geschäfte, in denen das Porzellan mit dem Zwiebelmuster, den blauen Schwertern oder dem goldschattierten Drachen verkauft wird: in Meißen und Unter den Linden in Ost-Berlin, für schwindelerregende Preise in DDR-Mark, gemessen am durchschnittlichen DDR-Einkommen. Doch selbst ein Kaffeeservice für mehrere tausend DDR-Mark fand Abnehmer. Da trotz der vergleichsweise geringen Einkommen kein entsprechendes Warenangebot vorhanden war, waren die Sparguthaben im Durchschnitt erheblich höher als in der Bundesrepublik. Geändert hat sich das erst, nachdem eine deutsch-deutsche Währungsunion ins Gespräch kam: Die meisten Konten wurden aufgelöst und die Menschen versuchten Sachwerte zu kaufen: Antiquitäten, Kunstwerke und eben Meißner Porzellan, aber auch hochwertige Konsumgüter wie Farbfernseher, Waschmaschinen und Kühlschränke.

Seit über sechzig Jahren klingt von der Meißner Frauenkirche (1455 als spätgotische Hallenkirche errichtet) zart und zerbrechlich ein Glockenspiel, kleine Hämmerchen schlagen auf Porzellan. »Vincenz Richter« steht auf einem Fachwerkhaus, doch Kenner wissen, daß hinter der Eingangstür sich die meistbesuchte Weinstube jenseits von Elbe und Werra verbirgt.

In Meißen begann die sächsische Geschichte, nördlich Meißen endet Sachsen, da beginnt die Mark Brandenburg. Deshalb der sächsische Merkspruch: »Gleich hinter Meißen, pfui Teufel, beginnt Preußen.«

Fünfzig Kilometer östlich Dresden liegt Bautzen, berüchtigt wegen eines gelben Baus vor den Toren der Stadt, »gelbes Elend« geheißen, ein Zuchthaus vor allem für politische Gefangene. Inhaftierte ehemalige SPD-Mitglieder, die den

Görlitz in der östlichen Oberlausitz ist an der Neiße durch die Grenze zwischen der DDR und Polen geteilt: am linken Ufer liegt der zur DDR gehörende Stadtteil (im Bild der Untermarkt mit dem Neptunsbrunnen aus dem Jahre 1756), die Stadtteile am rechten Neiße-Ufer sind polnisch und heißen Zjorgelec.

Auf dem vulkanischen Bergkegel des Oybin im Zittauer Sandsteingebirge stand einst zur Sicherung des Handelsweges von der Ostsee nach Italien ein befestigtes Kloster. Die Anlagen wurden im Verlauf der Jahrhunderte durch Felsstürze und Blitzschlag zerstört. Am Fuß des Oybin wurde aus dem einstigen gleichnamigen Weberdorf des 16. Jahrhunderts ein moderner Kurort.

Zuwangszusammenschluß mit der KPD zur SED 1946 nicht mitgemacht haben, saßen dort ebenso ein wie der Regimekritiker Rudolf Bahro (1977–79) und viele andere politische Häftlinge, bis sie Ende 1989 nach der politischen Wende auf freien Fuß kamen.

Doch Bautzen ist nicht nur »Knast«. Die Stadt an der Spree ist das Zentrum der Oberlausitz (50000 Einwohner). Auf einem von der Spree umflossenen Felsen hatten die Wettiner dort ihre Grenzfeste gebaut. Vom Ende des 11. Jahrhunderts bis 1635 war es böhmisch; seitdem gehört es zu Sachsen. Die mittelalterliche Stadtbefestigung, die spätgotische Ortenburg, die 50 Meter hochragende »Alte Wasserkunst« am Spreeufer (einst Wasserversorgung der Stadt), der »schiefe Turm von Bautzen« (Reichenberger Turm), der Dom St. Peter (vollendet 1497 und seit 1524 in einen katholischen Chor und ein protestantisches Langhaus geteilt), sind die bedeutendsten kulturhistorischen Bauten der Stadt; den Markt säumen mittelalterliche und barocke Bürgerhäuser. In Bautzen hat das sorbische Parlament, die Domowina, ihren Sitz.

1722 ließen sich die Nachkommen des Reformators Jan Hus, die mährischen Brüder auf Gütern des Grafen Zinzendorf zwischen Bautzen und Zittau nieder, an einem »äußerst wüsten, morastigen, mit wilden Gewächsen bewachsenen Ort«, den sie Herrnhut nannten. Aus den bescheidenen Anfängen ist eine eigene Kirche geworden, die Herrnhuter Brüdergemeinde, zu der sich rund 450000 Menschen in aller Welt bekennen. Weltweit bekannt sind die biblischen Losungen (»Alle Morgen neu«), die früher in Herrnhut von Haus zu Haus getragen wurden. Kennzeichen Herrnhuter Gotteshäuser ist die Farbe weiß als Farbe der Hoffnung: weiße Wände, weiße Bänke, weiße Gardinen. In Herrnhut lebte man früher in Gemeinschaftshäusern, solche für ledige junge Männer, für junge Frauen, für Witwen oder Familien; heute gibt es nur noch das Witwenhaus. In der Herrnhuter Druckerei wurden die Aufnäher »Schwerter zu Pflugscharen« gedruckt, die Anfang der achtziger Jahre zum Symbol der DDR-Friedensbewegung wurden und die die DDR-Staatsmacht damals vehement verfolgte.

In der Welt ebenso bekannt wie Berlin, Leipzig, Hamburg oder Köln ist Görlitz, die östlichste Großstadt, die heute von Deutschen bewohnt wird. Nur in dieser Stadt ist es exakt Mittag oder Mitternacht, wenn beide Zeiger der Uhr auf der Zwölf stehen. Der 15. Längengrad verläuft durch die Neißestadt und bestimmt die Mitteleuropäische Zeit (MEZ), »Görlitz time« heißt es international. Doch in Görlitz gingen die Uhren bisher nach und alle hoffen, daß sich das jetzt ändern wird. Die Stadt, die einst zu den reichsten Städten Deutschlands zählte und die wie kaum eine andere gleichzeitig so viele Renaissance-, Barock- und Jugendstilbauten hat, verfällt trotz zaghafter Sanierung. »Neben spätgotischen Kirchen ... besitzt Görlitz ... spätmittelalterliche Wohnbauten von charaktervoller Eigenart«, schwärmt der Stadtführer. Und weiter: »Eine einzigartige Altstadt, die zu den historisch und baukünstlerisch bedeutendsten Kulturgütern der DDR zählt und daher geschlossen unter Denkmalschutz steht.«

Saniert wird in Görlitz seit den sechziger Jahren. Es gibt viele Häuser, die in neuer Schönheit entstanden sind, etwa die alte Ratsapotheke in der Peterstraße, Häuser und Bauten auf dem Obermarkt und Untermarkt. Zu den schönsten Renaissance-Bauten zählen die geschwungene Freitreppe und die Verkündigungskanzel zwischen Südflügel und Turm des Rathauses (Baumeister Wendel Roskopf 1537/38).

In Görlitz spricht man schlesisch, denn die Stadt war einmal die Metropole Niederschlesiens. 1945 fiel der größte Teil Schlesiens, nämlich neun Zehntel der einstigen preußischen Provinz, die bis zum Siebenjährigen Krieg (1756–1763) zu Österreich gehörte (laut Kaiserin Maria Theresia die »schönste Perle ihrer Krone«), an die Volksrepublik Polen. Deshalb wird der Name Schlesiens in offiziellen Schriften über Görlitz möglichst nicht erwähnt. Die Stadt Görlitz wurde 1945 geteilt; doch nirgends findet sich ein Hinweis, daß das rechts der Neiße gelegene heutige Zjorgelec einmal die Görlitzer Neustadt war. Görlitz, das in der »hintersten Ecke« der DDR liegt, hat in der Vergangenheit viele tausend Einwohner verloren: die meisten siedelten in die Bundesrepublik über. Das mag auch daran gelegen haben, daß die Gegend um Dresden und östlich davon von anderen Bewohnern der DDR respektlos »Tal der Ahnungslosen« und »Tal der toten Augen« genannt wird – weder in Dresden noch in Bautzen oder Görlitz waren westdeutsche Fernsehprogramme zu empfangen. Das hat sich mit dem Satellitenempfang geändert: Inzwischen sieht man auf vielen Häusern dort Satelliten-Empfangsschüsseln auf den Dächern stehen; allerdings sind freilich die terrestrisch ausgestrahlten Programme von ARD und ZDF arg ins Hintertreffen geraten.

Im äußersten südöstlichsten Zipfel Sachsens, im Osten vom Grenzfluß Neiße (Volksrepublik Polen) umflossen, im Süden von der ČSSR begrenzt, liegt Zittau, das eine Reihe romanischer, gotischer, barocker und klassizistischer Bauwerke in seinen Mauern hat. Die vom Böhmenkönig Ottokar I. um 1230 gegründete Stadt, die ihre Befestigung 1255 erhielt, ist eine alte Tuchmacher- und Leineweberstadt, die 1346 dem Sechsstädtebund (weitere Mitglieder Görlitz, Bautzen, Kamenz, Löbau und Lauban) beitrat und im 14. und 15.

Jahrhundert aufblühte. Das Rathaus, zwischen 1840 und 1845 erbaut, wurde nach Plänen des berühmten Baumeisters Karl Friedrich Schinkel im Stil italienischer Palazzi errichtet.

Zwischen Görlitz und Zittau liegt das Kloster Marienthal, das im Ort Ostritz Zisterzienserinnen 1230 gründeten. In dem Kloster werden heute psychisch Kranke von den Nonnen gepflegt. Südlich von Zittau im Zittauer Gebirge liegen die Kurorte Oybin und Johnsdorf, die herrliche Wanderungen durch felsiges Land bieten, etwa durch die »Felsengasse«, die mit einer Schmalspurbahn zu erreichen ist.

Zwischen Dresden und Plauen erstreckt sich das Erzgebirge und das Vogtland. Beginnen sollte man eine Erzgebirgstour im kleinen Ort Oederan, der auf manchen Karten gar nicht verzeichnet ist, nicht unbedingt wegen des Renaissance-Rathauses dort und auch nicht wegen der Silbermann-Orgel von 1727 in der Pfarrkirche St. Marien. Die Attraktion von Oederan heißt »Klein-Erzgebirge«. Originalgetreue Miniaturnachbildungen von Bauten, Schlössern oder Landschaften geben einen guten Eindruck über die Schönheiten des Erzgebirges, die man dann persönlich in Augenschein nehmen kann: das Schloß Augustusburg etwa, das prunkvolle Jagd- und Lustschloß des sächsischen Kurfürsten August I.; der Renaissancebau beherbergt ein Museum für Jagdtier- und Vogelkunde des Erzgebirges, ein Motorrad-Museum und eine Kutschensammlung; die Bergbahn, die vom Talort Erdmannsdorf an der Zschopau zum Schloß Augustusburg hinauffährt, von Oederan in einer Minute (in Wirklichkeit benötigt sie acht Minuten); die überdachten Holzbrücken, die es so nur im Erzgebirge gibt, und die man im Original gesehen haben muß; die achteckige Kirche des Kurorts Seiffen, ein Barockbau, in dem Ort, aus dem die Weihnachtspyramiden, die Nußknacker und die Räuchermännchen kommen.

Bei der Fahrt durchs Erzgebirge fallen zwei Dinge auf: die kursächsischen Postmeilensäulen und die Schwibbögen. Die Säulen sind die Vorgänger unserer heutigen gelben Wegweiser: Man findet sie überall im Erzgebirge, meist auf dem Marktplatz oder an einem der Stadttore, in Wolkenstein oder Jöhstadt, in Geyer oder Annaberg-Buchholz, in Freiberg oder Oberwiesenthal. Sie wurden auf Befehl Augusts des Starken errichtet und geben die Entfernung in »Stunden« an. Die Stunde ist dabei ein Längenmaß, keine Zeiteinheit und zählt 4,531 Kilometer (= gleich 8000 Dresdner Ellen).

Der Schwibbogen ist so etwas wie das Wahrzeichen des Erzgebirges. In einem aufgestellten Halbkreis brennen neun Kerzen oder Lampen; er ist in der Weihnachtszeit in fast jedem Fenster zu finden und weist in dunklen Winternächten den Weg. Vermutlich haben die Bergleute im Erzgebirge in früheren Zeiten ihre Grubenlampen an einem solchen Bogen aufgehängt. Überhaupt hat das Bergmännische die Volkskunst im Erzgebirge geprägt, vor allem die Spielzeugherstellung, der sich die Menschen im Erzgebirge zuwandten, als die Erzquellen versiegten. Das Gebirge verdankt seinen Namen dem einstigen Reichtum an Edel- und Buntmetallen; Zinn- und Silberbergbau ist bereits im 13. Jahrhundert nachgewiesen. Die Licht- und Sonnensehnsucht der Bergleute bei ihrer schwierigen Arbeit unter Tage gab dem Weihnachtsfest besondere Bedeutung; das Erzgebirge wird auch »deutsches Weihnachtsland« genannt, weil in keinem anderen deutschen Landstrich das Weihnachtsfest so reich und gemütstief wie hier gefeiert wird.

Am Nordrand des Erzgebirges liegt seine größte Stadt, Karl-Marx-Stadt oder Chemnitz mit seinen 310000 Einwohnern. 37 Jahre lang, vom 10. Mai 1953 bis zum Jahre 1990, trug es den Namen Karl-Marx-Stadt, nicht weil »der größte Sohn des deutschen Volkes«, wie in der DDR der sozialistische Ahnherr genannt wurde, hier gelebt hätte, sondern wegen der reichen Arbeitertraditionen dieser Stadt, die als bedeutende Textilstadt früher den Beinamen »sächsisches Manchester« führte. In der bevorstehenden Volksabstimmung wird wahrscheinlich der überkommene Name (nach der die Stadt durchfließenden Chemnitz) wieder angenommen. Die Einwohner hatten den von oben diktierten Namen Karl-Marx-Stadt nie so recht zur Kenntnis genommen. In ihrer sächsischen Mundart hieß Chemnitz immer »KAMS«, und das war dann eben auch die Abkürzung für Karl-Marx-Stadt.

Die Stadt liegt in einem 14 Kilometer weiten Talkessel. Ihre Anfänge gehen auf Kaiser Lothar III. zurück, der 1136 das Benediktinerkloster Chemnitz (von slawisch chamenica = Steinbach) gründete. Unter dem Staufenkaiser Friedrich Barbarossa wird Chemnitz erstmals als Stadt erwähnt (1216). Schon damals wurde der rechteckige Markt und das regelmäßige Straßennetz angelegt. Im 15. Jahrhundert förderte der Bergbau im Erzgebirge die wirtschaftliche Entwicklung der Stadt, für den damaligen Reichtum legt das Alte Rathaus (1498) mit dem Rathausturm und seinem schönen Renaissanceportal beredtes Zeugnis ab. Der Rote Turm, im 12. Jahrhundert Sitz des Landvogts, war Teil der Stadtbefestigung und später Sitz des Stadtgerichts, dann das Stadtgefängnis. In der Blütezeit des 15. und 16. Jahrhunderts entstanden die wichtigsten Bauten der Stadt, die zusammen mit fast allen Gebäuden der Innenstadt, vor allem aus der Gründerzeit, durch Bombenangriffe im Februar und März (schlimmster Angriff am 5. März) 1945 fast vollständig vernich-

Genau 419 Meter hoch ragt steil der gegen das Elbtal abfallende Tafelberg Lilienstein im Elbsandsteingebirge über der Stadt Königstein hoch. Am Lilienstein nahmen 1756 die Preußen die gesamte sächsische Armee gefangen.

Blick von der Bastei auf die Elbe im Gebiet der Sächsischen Schweiz zwischen Königstein und Bad Schandau.

Die einstige Silberbergbaustadt Freiberg am Fuß des Osterzgebirges war im Mittelalter die größte Stadt Sachsens. Ein besonderes Juwel im Freiberger Dom ist die 45stimmige Meisterorgel, die Gottfried Silbermann zwischen 1711 und 1714 gebaut hat.

tet wurden. Das alte Chemnitz ist seitdem nur noch auf Fotos oder Postkarten erhalten. Überlebt hat die Schloßkirche, die 1514 auf den romanischen Grundmauern als dreischiffige Hallenkirche mit fünf Jochen errichtet wurde. Auch die Stadtkirche St. Jakobus, 1165 gegründet und 1365 umgebaut, konnte teilweise wiederhergestellt werden. Die Bürgerschule (1831), das Schauspielhaus (1838), das Rathaus (1891), das Central-Theater (1901), die Beckersche Baumwoll-Spinnerei (1811) und zahlreiche Wohnhäuser wurden als Ruinen abgetragen.

Im 17. Jahrhundert war Chemnitz zur Provinzstadt herabgesunken. Eine stürmische Entwicklung nahm es dann im 19. Jahrhundert als Industriestadt. Chemnitz verfügte über eine Manufakturindustrie (1826), über Spinnereimaschinenbau (1837) und Lokomotiv-Bau (Wanderer-Werke). In den Wanderer-Werken wurden später Motorräder, Schreibmaschinen und Fahrzeuge von Auto-Union hergestellt. Hauptindustriezweige sind heute der Maschinenbau, die Elektrotechnik, Feinmechanik und Optik und der Fahrzeugbau. So wird in Chemnitz der Kleintransporter Barkas (B 1000) gefertigt; das Warenzeichen »Malimo« (für Textilien) der Spinnwerke ist in mehr als 40 Ländern urheberrechtlich geschützt. Chemnitz ist nach der Region Halle-Leipzig das zweitgrößte Industriezentrum jenseits von Elbe und Werra.

Im Stadion oben im Küchwald, wo zu Ehren des ersten deutschen Weltraumfliegers Sigmund Jähn (August 1978 in einer sowjetischen Raumkapsel) eine Rakete in den Himmel ragt, hat die Eislauf-Trainerin Jutta Müller die erfolgreichste Talentschmiede für Kufenstars aufgebaut. Katarina Witt, Anett Poetzsch oder Gabi Seyffert haben Chemnitz, als es noch Karl-Marx-Stadt hieß, in aller Welt bekannt gemacht. »Kati« Witt war zweifache Olympiasiegerin und viermal Weltmeisterin im Eiskunstlauf; als erste Genossin durfte die Eisprinzessin ihr Talent auf westlichen Eis-Shows (»Holiday on Ice«) versilbern.

In der Karl-Marx-Straße befindet sich der »größte Kopf« der Stadt, ein vom sowjetischen Künstler Lew Kerbel geschaffener Karl-Marx-Kopf, 42 Tonnen schwer, sieben Meter hoch auf einem vier Meter hohen Sockel. Die Frage ist, ob das gigantische Monument nach der Rückbenennung in Chemnitz stehenbleiben wird.

Die meisten Städte im Erzgebirge verdanken ihre Existenz dem Bergbau, wie etwa Freiberg, die »Stadt auf dem freien Berge«, was soviel bedeutete, daß jeder ohne Gebühr oder Genehmigung nach Erz schürfen durfte. Abzugeben war allein ein Drittel der gefundenen Erze. 1168 wurden dort reiche Silberadern entdeckt.

Im Mittelalter war Freiberg Sachsens Metropole; sein Dom und das Rathaus legen davon Zeugnis ab. Der Dom wurde nach dem Stadtbrand 1484 als spätgotische Hallenkirche neu gebaut; vom romanischen Vorgänger ist nur die »Goldene Pforte« erhalten. Vor allem die Innenausstattung des Freiberger Doms zeigt, daß es den Erzschürfern im Mittelalter nicht schlecht gegangen ist: Weltberühmt ist die Tulpenkanzel mit den Büsten der Kirchenväter Hieronymus, Ambrosius, Augustinus sowie mit Papst Gregor. Und 1711 bis 1714 wurde die 45stimmige Meisterorgel von Gottfried Silbermann in den Dom eingebaut. Dieser Orgel-Meisterbauer Silbermann hatte in Freiberg nämlich seine Werkstatt. Im spätgotischen Rathaus befindet sich die ehemalige Silberkammer (heute Archiv).

Eine reiche Bergbaustadt war im Mittelalter auch Annaberg, das heute nach dem Zusammenschluß mit dem Nachbarort Annaberg-Buchholz heißt. Stolz sind die Annaberger noch heute darauf, daß ihre Stadt damals mehr Einwohner hatte als Leipzig und Dresden zusammen. Die St.-Annen-Kirche ist die größte Hallenkirche Sachsens mit einer prächtigen Innenausstattung. Im Annaberger Bergbau wirkte der Rechenmeister Adam Riese 36 Jahre lang. Der Frohnauer Hammer, ein Glied in der Eisenverarbeitung, ist heute ein technisches Denkmal.

Die höchstgelegene Stadt der DDR ist Oberwiesenthal, die auf der Schiene mit einer Schmalspur-Kleinbahn von Cranzahl aus zu erreichen ist. Oberwiesenthal ist der bedeutendste Wintersportort im Erzgebirge, am Fuße des Fichtelbergs (1214 m) gelegen. Hier sind die Waldschäden, das Waldsterben, das in der DDR bis zur politischen Wende verschwiegen wurde, am deutlichsten zu beobachten, ausgelöst von den Abgasen der Kraftwerke im Raum Leipzig ebenso wie solchen jenseits der Grenze zur ČSSR. »Ein Gang über den Kamm des Erzgebirges verbreitet Schrecken«, hieß es schon 1983 auf dem Dresdner Kirchentag. Seitdem versuchte die DDR-Regierung mit »rauchresistenten Baumarten« gegen den sauren Regen mehr schlecht als recht anzukommen.

Um 1470 wurde die Bergstadt Schneeberg begründet, heute das Zentrum der erzgebirgischen Folklore und Sitz einer Klöppelschule. Die sangesfreudigen Menschen aus dem Erzgebirge haben ihren eigenen Dialekt, wie die Weisen vom »Feirohmd« (Feierabend) oder dem »Vagelbierboom« (Vogelbeerbaum) zeigen. Im Erzgebirge heißen die Hasen »Hosen« und die Hosen »Husen«, daran muß man sich eben gewöhnen.

Die Geschichte des erzgebirgischen Städtchens Schwarzenberg im Jahre 1945 – es wurde weder von sowjetischen noch von amerikanischen Truppen besetzt und mußte sich unkontrolliert eine eigene Verwaltung aufbauen, bis es im Juni 1945

Das winterliche Schellerau im sächsischen Erzgebirge lädt alljährlich zum Wintersport. Im Jahre 1906 wurde hier ein botanischer Garten angelegt, der Bergpflanzen in besonderer Vielfalt enthält.

Teil der sowjetischen Besatzungszone wurde – regte den DDR-Schriftsteller Stefan Heym zu einem Roman an, wie sich Deutschlands Geschichte entwickelt haben könnte, wenn Schwarzenberg als Modellstaat hätte wirken können.

Die sanft geschwungenen Berge des Vogtlandes, dem westlichen Ausläufer des Erzgebirges, ziehen ebenso viele Touristen wie das Erzgebirge an. Im Vogtland gibt es einen Bäderwinkel mit Kurorten wie Bad Brambach (Radonbad) und Bad Elster (24000 Kurpatienten jährlich) und einen Musikwinkel mit Klingenthal (Geigen und Holzblasinstrumente) und Markneukirchen (Saiten- und Blech-Holzblasinstrumente). Der Bau von Instrumenten ist noch heute die wirtschaftliche Grundlage dieser Orte. Eine der größten Musikinstrumentensammlungen ist im Paulus-Schlössel Markneukirchen untergebracht, darunter eine Schweizer Hausorgel aus dem Jahr 1838.

Die Hauptstadt des Vogtlandes mit 80000 Einwohnern ist Plauen, das erstmals 1122 als offene Siedlung (»ricus plave«) erwähnt wird; nach der Stadterhebung zu Beginn des 13. Jahrhunderts wurde Plauen befestigt. Seit dem Mittelalter eine Tuchmacherstadt, wurde sie Mitte des vergangenen Jahrhunderts durch »Plauener Spitzen« weltbekannt. In Plauen steht eines der ältesten Malzhäuser Deutschlands, das in die Überreste der mittelalterlichen Burg einbezogen wurde.

Großdemonstrationen der Bevölkerung gab es auch in Plauen, nachdem hier die Sonderzüge mit den Prager Botschaftsflüchtlingen durchgefahren waren. Dabei stand früher als in anderen Städten das Thema Deutsche Einheit im Vordergrund.

Ein besonderes technisches Denkmal steht in Mylau am Eingang zum Erzgebirge: Die Göltzschtalbrücke, die größte Ziegelsteinbrücke der Welt, 574 Meter lang und 78 Meter hoch, bestehend aus vier Etagen mit insgesamt 81 freigewölbten Einzelbögen; verbaut wurden 26 Millionen Ziegel.

Als Kaufmannssiedlung wurde Zwickau bereits 1118 erwähnt, an einer Furt über die Mulde gelegen. Das »Zwickisch Tuch« machte die Stadt im 16. Jahrhundert in ganz Mitteleuropa bekannt. Im 19. Jahrhundert wurde Zwickau das Zentrum des Steinkohlereviers, der Abbau wurde in der DDR 1977 eingestellt. Auch heute ist Zwickau ein industrielles Zentrum, nicht nur weil hier der DDR-Kleinwagen »Trabant« gebaut wird, das meistgekaufte Auto in der DDR. Zwickau, im Krieg unzerstört geblieben, ist jedoch zusehends verfallen, ganze Stadtviertel wurden abgerissen. Besonders schöne Bauwerke wie das Gewandhaus (heute Theater) und die Gebäude am Hauptmarkt blieben erhalten und wurden saniert. In Zwickau wurde der Komponist Robert Schumann geboren.

»Heldenstadt« steht heute mit Hand geschrieben an den Ortseingängen von Leipzig, der nach Berlin größten Stadt der DDR. Von der Messemetropole (Messeplatz seit 1268) ging die friedliche Revolution im Herbst 1989 aus, hier hatten sich die überall im Lande üblichen Friedensgebete aus dem Jahre 1983 über die Zeit erhalten. Als sich immer mehr »Antragsteller« an den Friedensgebeten beteiligten, die auf diese Weise ihre beabsichtigte Ausreise in den Westen erzwingen wollten (ihr Ruf war: »Wir wollen raus!«), antworteten andere mit »Wir bleiben hier!«. Als die Staatsmacht mit Gewalt gegen die friedlichen Demonstranten »im Namen des Volkes« vorgehen wollte, skandierten sie den Ruf »Wir sind das Volk!«. Den Montagsdemonstrationen schlossen sich immer mehr Menschen an, Mitte Oktober waren es eine halbe Million Menschen, die über den Leipziger Stadtring zogen. Die SED, vor der Wahl für einen militärischen Einsatz wie in Peking im Juni 1989, gab nach und löste SED-Generalsekretär Erich Honecker ab. Seit Mitte November forderten die Demonstranten die Einheit der Deutschen und eine Währungsunion: »Kommt die D-Mark nicht hierher, dann gehen wir zu ihr.«

Leipzig, das 1165 durch den Markgraf von Meißen Stadtrecht erhielt, ist heute ein bedeutendes Forum für den Ost-West-Handel, dessen Bedeutung nach der Demokratisierung in Osteuropa noch zunehmen könnte. Die beiden Messen im Frühjahr und Herbst ziehen nicht nur Kaufleute aus aller Welt (der jeweilige US-Präsident schickt jedesmal ein Telegramm), sondern auch Einheimische an, für die bis zur Maueröffnung die Messe die ziemlich einzige Gelegenheit war, sich über Neuentwicklungen im westlichen Ausland zu informieren (im Frühjahr lockt die Buchmesse mit neuen Büchern aus dem Westen). Zur Messezeit ist in Leipzig die Versorgung, wie sie bisher der real existierende Sozialismus zustande gebracht hat, erheblich besser als in der übrigen Jahreszeit. Spötter nannten Leipzig deshalb auch »heilige Stadt«: zweimal im Jahr Messe, dazwischen Fastenzeit.

Leipzig, das ist aber nicht nur Messe und Wirtschaftszustrom: Die Stadt zehrt auch von ihrem Ruf als Bücherstadt, als Musikstadt, als Stadt der Wissenschaft und der Künste, auch als Arbeiterstadt und der Stadt von »Auerbachs Keller«, in dem nach dem Urteil der Chronisten Goethes Mephisto schon im Jahre 1525 seine Zaubersprüche geklopft hat. In der »Deutschen Bücherei« ist hier seit 1913 ein vollständiges Archiv des gesamten deutschen Schrifttums erhalten. Johann Sebastian Bach war 27 Jahre lang Kantor an der Thomaskirche in Leipzig. In der Stadt wirkten Mendelssohn-Bartholdy, Schumann, Lortzing und Richard Wagner. Das Gewandhausorchester (heute unter Kurt Masur) ist weltberühmt.

Nußknacker werden von Hand in Seiffen im Erzgebirge, 25 Kilometer östlich von Marienberg, hergestellt. Der Ort gilt als Zentrum der erzgebirgischen Spielwarenherstellung.

Die 1409 gegründete Universität ist eine der ältesten in Deutschland. Heute, da sie den Namen des sozialistischen Urvaters Karl-Marx trägt, sind über 13000 Studenten eingeschrieben. Johann Wolfgang Goethe war einer der berühmtesten Studenten in Leipzig, der im Faust »Auerbachs Keller« ein Denkmal setzte. Dichter wie Jean Paul, Klopstock, Lessing oder Gelehrte wie Leibniz (1646 in Leipzig geboren) waren Studenten in Leipzig. Die traditionsreiche Universitäts-Kirche wurde 1963 gesprengt, um Platz für den »Uni-Riesen« zu schaffen, der wie ein »hohler Zahn« heute die Stadt überragt.

Nicht nur daß Leipzig heute mit dem Maschinenbau, mit Chemieanlagenbau und zahlreichen Druckereien auf einen erklecklichen Arbeiteranteil verweisen kann – im Pantheon in dieser Stadt (heute an der Gerichtsstraße/Ecke Straße der Befreiung) gründete Ferdinand Lassalle 1863 den Allgemeinen Deutschen Arbeiterverein, die Geburtsstunde der deutschen Sozialdemokratie. Daran erinnert in Leipzig nicht einmal mehr ein Gedenkstein!

Karl-Marx-Stadt, bis 1953 als Chemnitz bekannt und bald wieder offiziell so genannt, ist die viertgrößte Stadt der DDR. Die Industriestadt liegt im Osten des erzgebirgischen Beckens in einem 14 Kilometer Durchmesser aufweisenden Talkessel, den das Flüßchen Chemnitz (slawisch = Steinbach) durchfließt. Im Bild der Marktplatz mit dem restaurierten spätgotischen Alten Rathaus, dessen Turm ein besonders schönes Renaissanceportal ziert (1559).

Reizvolle Landschaft
im oberen Vogtland
bei Schöneck im Kreis
Klingenthal.

Burg und Schloß Wildeck mit dem altem Bergfried Dicker Heinrich aus dem 13. Jahrhundert in Zschopau im mittleren Erzgebirge; Burg Wildeck wurde einst zum Schutz der Straße nach Böhmen angelegt.

Im Bergland an der Zwickauer Mulde liegt die Kreisstadt Rochlitz, deren altes Stadtbild geprägt ist von der spätgotischen Kunigundenkirche.

Thüringen

das »grüne Herz Deutschlands«

Auf einem Bergvorsprung thront über der alten Kaiserpfalz-Siedlung Altenburg im Bezirk Leipzig das Altenburger Schloß (im Bild Blick auf die Schloßkirche). Im Schloß befindet sich das bekannte Spielkartenmuseum, das an den Ruf der Stadt als Skat-Stadt erinnert, denn hier wurde 1810 bis 1817 das weitverbreitete Kartenspiel entwickelt.

Den anderen immer eine Nasenlänge voraus zu sein, das behaupten die Thüringer von sich. Schon um 500 nach Chr. war das Reich der Thüringer neben dem Frankenreich Chlodwigs der mächtigste Germanenstaat in Mitteleuropa. Doch im Jahre 531 wurden die Thüringer von den Franken mit Hilfe der Sachsen unterworfen. Auf der Wartburg, die damals freilich zu Sachsen gehörte, wirkte die Heilige Elisabeth, die sich um die Armen kümmerte und ihnen Brot gab. Auf der Wartburg verbrachte der Reformator Martin Luther dreihundert Tage in Einsamkeit, als er vom Kaiser auf dem Reichstag zu Worms in die Reichsacht getan wurde, und er übersetzte dort das Neue Testament ins Deutsche, schaute dabei dem Volk aufs Maul und schuf damit das einigende Band, die Hochsprache, die später wesentlich zur Entstehung eines einheitlichen deutschen Staates beigetragen hat.

Ein weiterer Beleg, daß die Thüringer in ihrer Einschätzung über sich selbst recht haben könnten. Noch ein Argument: In der zweiten Hälfte des 18. Jahrhunderts entwickelte sich das Residenz- und Agrarbürgerstädtchen Weimar zum weltoffenen literarischen Zentrum Europas. Hier lebten die deutschen Dichter von Rang. Das Städtchen mit seinen damals 7000 Einwohnern wurde zum kulturellen Mittelpunkt Deutschlands und damit zum Ausgangspunkt für die geistige Erneuerung in deutschen Landen. Auch Jena gehört zu den Orten Thüringens, wo Geschichte gemacht wurde. Wirtschaftliche und zugleich soziale Akzente in die Zukunft wurden durch die Entwicklung der optischen Industrie, die mit den Namen Ernst Abbe, Carl Zeiss und Otto Schott verbunden sind, gesetzt, geistesgeschichtlich mit Namen wie Schiller, Hegel, Fichte, die Gebrüder Schlegel, Schelling und Tieck.

In Altenburg, sechzig Kilometer südlich von Leipzig, hatten 1807 drei Bauern das Blatt der Zukunft in der Hand: Weil ihnen der vierte Mann zum Schafkopf fehlte, erfanden sie den Skat – so wird jedenfalls in Altenburg behauptet.

Auch in Meiningen, im Südwesten Thüringens gelegen, war man unter dem »Theaterherzog« Georg II. der Zeit voraus. Vom kleinen Meininger Hoftheater ging in der zweiten Hälfte des 19. Jahrhunderts eine wegweisende Theater-Auffassung aus: 36 europäische Großstädte sahen zwischen 1874 und 1890 über 2500 Vorstellungen der »Meininger«.

Daß Erfurts Dom zumindest einer der prächtigsten in Deutschland ist, davon sind die Thüringer ebenso überzeugt wie davon, daß Paulinzella eines der bedeutendsten deutschen romanischen Baudenkmale ist. Unbestritten ist, daß in Gotha der Vater der deutschen Schauspielkunst Conrad Ekhof das erste Theater mit festangestellten Künstlern und Schauspielern gründete und daß Arnstadt mit seiner ersten urkundlichen Erwähnung von 704 die älteste Stadt auf den Gebieten der DDR ist.

Ob Thüringen mit seiner Kleinstaaterei vom 16. Jahrhundert bis 1920 anderen eine Nasenlänge voraus war, kann man bezweifeln. Da gab es Fürstentümer, die man heute nur noch aus dem Geschichtsbuch kennt: Reuß ältere Linie mit der Hauptstadt Greiz, Reuß jüngere Linie mit der Hauptstadt Gera, Schwarzburg-Rudolstadt, Schwarzburg-Sondershausen, Sachsen-Coburg-Gotha, Sachsen-Weimar-Eisenach, Sachsen-Meiningen, Sachsen-Altenburg, das kurmainzische Erfurt und die Reichsstädte Nordhausen und Mühlhausen. Schmalkalden gehörte über Jahrhunderte zu Hessen und wurde erst 1944 »eingemeindet«. Erst 1920 hatten sich die thüringischen Fürstentümer zu einem Land zusammengeschlossen. 1952 wurde Thüringen dann in drei Bezirke aufgeteilt: Gera, Erfurt, Suhl.

Wenn in der DDR die Länder jetzt neugebildet werden, ist noch nicht ausgemacht, wer die Hauptstadt Thüringens sein wird: Erfurt oder Weimar. 1920, als aus den vielen thüringischen Ländern, die in über hundert Gebietsteile zerstreut waren, ein Land wurde, wählte man die Stadt Goethes und Schillers zur Hauptstadt. In der Frühzeit der DDR blieb Weimar zwar die thüringische Landeshauptstadt, der Regierungssitz aber wurde nach Erfurt verlegt.

Thüringen, so schreibt die in Weimar lebende Schriftstellerin Inge von Wangenheim, »das ist eine vielgegliederte Totale der Mannigfaltigkeit, die vom Vogtland bis zur Rhön, von Neuhaus am Rennweg bis zum Kyffhäuser reicht und dem Betrachter in einer wohl einmaligen Weise von jedem beliebigen Hügel aus, und sei er nur zweihundert oder gar nur hundert Meter hoch, das Gefühl gibt, er befinde sich auf seinem Platz just auf dem bestmöglichen, der denkbar ist – sozusagen Rangloge Mitte, erste Reihe –, und er sei der Zuschauer des weiträumigsten, lieblichsten, genußreichsten Landschaftsschauspiels, das je über eine deutsche Bühne ging. Man muß nicht einmal einen der ungezählten Aussichtstürme besteigen, es genügt ein Spaziergang auf einem beliebigen Kamm, dessen Wald den Blick unversehens freigibt, und man hat das Gefühl, Hunderte Kilometer weit zu sehen, die Landschaft ›tanzt‹ förmlich in dem Schwung, den sie ausdrückt, die Seele öffnet ihr Tor, das Ohr hört Musik, und man begreift plötzlich erschüttert, warum Goethe nach seiner zweijährigen Verzweiflungsflucht nach Italien doch wieder hierher zurückgekehrt ist, um zu bleiben bis an sein Lebensende.«

Das ist die Sprache einer Schriftstellerin. Einfachere Menschen haben dem Land zwischen Werra und Saale den Titel »Das grüne Herz Deutschlands« verliehen. Das grüne Herz war vierzig Jahre für die einen Deutschen kaum erreichbar, nur mit monatelang vorher bestelltem Einreisevisum, oder mit der Tagestour im kleinen Grenzverkehr oder – so kannten es die meisten – als Teil der Autobahnstrecke Frankfurt–Berlin, ohne Halt zu durchfahren, mit einem kurzen Blick auf die Wartburg, auf die »Drei Gleichen«-Burgen zwischen Gotha und Erfurt und auf Jenas Neubaustadt im Kästchenstil, Lobeda. Für die anderen Deutschen war das »grüne Herz Deutschland« an den Rand gerückt, in den äußersten Südwesten des Staates DDR, dessen eine Bezirksstadt Suhl die Einwohner in »Sozialistisches Unabhängiges Heimatland« umgetauft hatten, was soviel bedeuten sollte wie »Die Zentrale in Berlin ist weit weg« – hier macht jeder seins. Doch auch hier hatte der »flächendeckende« Überwachungsdienst der »VEB Guck, Horch und Greif« bis zu seiner Auflösung zu Beginn des Jahres 1990 seine Argusaugen. Der bei vielen Menschen in der DDR so beliebte Gang durch Weimar, der Fußweg auf die Wartburg (für die Kinder der Eselsritt), die Wanderung über die Höhen des Rennsteig, an dessen Rand man auch im Oktober noch Blaubeeren finden kann, weil sie in fast tausend Meter Höhe später reifen, sie alle werden nach Öffnung der Grenzen auch das Herz der Westdeutschen erfreuen. »Thüringen«, so sagte es zu Ferienbeginn jetzt ein West-Berliner Steppke zu seinem Schulkameraden, der gerade auf dem Weg nach Mallorca war, »das klingt doch viel besser als Spanien.«

Wie an einer Perlenkette aufgereiht liegen die wichtigsten Städte Thüringens am Nordrand des Thüringer Waldes, verbunden durch die frühere Königsstraße Via regia, der die Autobahn Dresden–Frankfurt folgt: Gera, Jena, Weimar, Erfurt, Gotha und Eisenach. Nördlich davon liegen Altenburg und Apolda, Mühlhausen und Nordhausen und ganz im Nordwesten Heiligenstadt; südlich der Via regia Greiz, Sonneberg, Rudolstadt, Saalfeld, Arnstadt, Schmalkalden, Suhl, Meiningen.

Ein paar Kilometer hinter der sächsischen Westgrenze liegt Gera, Bezirkshauptstadt von 1952 bis heute mit über 130000 Einwohnern. 1237 wurde die Stadt planmäßig auf einer Flußterrasse der Weißen Elster angelegt, anstelle einer bestehenden Kaufmannssiedlung. Die Blütezeit erlebte die Stadt, nachdem niederländische Glaubensflüchtlinge 1569 neue Techniken der Tuchherstellung mitbrachten. »Gerisches Tuch« wurde weltberühmt, was auch das Rathaus belegt, der stets neufotografierte Renaissancebau mit dem achteckigen Treppenturm, die Stadtapotheke (1606) oder das Scheibersche Haus: Seit 1562 war Gera die Residenzstadt der jüngeren Reuß-Linie, eines der deutschen Kleinstaaten, in denen es nach einem Spottvers so zuging: »Wirft jemand das Petroleum um, so stinkt's im ganzen Fürstentum.« Der Geraer Fürst Posthumus, von Chronisten als besonders weise, edel und unkriegerisch beschrieben, ließ nicht nur (1608) das erste Gymnasium bauen; er gewährte dem Niederländer Nikolaus de Smit volle Handlungsfreiheit, um die Wollenzeugmanufakteur einzuführen, die der Stadt Wohlstand brachte, aber die alten eingesessenen Tuchhersteller freilich verärgerte.

Der große Stadtbrand und 12 Bombenangriffe zum Ende des Zweiten Weltkrieges zerstörten viele Baudenkmäler Geras. Stolz sind die Geraer auf ihr Theater mit seiner 350jährigen Geschichte; Bert Brecht wurde hier ebenso uraufgeführt wie Carl Zuckmayer, Ernst Barlach oder Lope de Vega. Größter Sohn und Ehrenbürger der Stadt ist der Maler Otto Dix (1891–1969).

Nach Halle fuhr in Gera die erste Straßenbahn im mitteldeutschen Raum, und sie fährt heute noch über ausgefahrene Gleise. Heute ist Gera vor allem ein Zentrum des Uranbergbaus durch die Sowjetisch-Deutsche Aktiengesellschaft (SDAG) Wismut, die Uranvorkommen im acht Kilometer entfernten Ronneburg abbaut, bei der nicht nur die Abraum-Halden, nach Angaben kirchlicher Gruppen, oft recht sorglos angelegt wurden.

»In Jene lebt sich's bene«, beginnt ein altes Studentenlied über die Universitätsstadt Jena, im Tal der Saale, die dort um 1230 planmäßig angelegt wurde. Nicht nur der Verliebten Treffpunkt in Jena ist der »Hanfried«, das Bronzedenkmal des Kurfürsten Johann Friedrich des Großmütigen, der 1558 die Alma mater jenensis, die Universität, gründete, weshalb auch der real existierende Sozialismus der DDR ihm großen Respekt zollte. Die Universität begründete Jenas Ruhm, schließlich lehrten hier Hegel und Fichte. Friedrich Schiller hielt hier am 26. Mai 1789 seine immer nachlesenswerte Antrittsvorlesung »Was heißt und zu welchem Ende studiert man Universalgeschichte?«. Karl Marx hat in Jena promoviert.

War es im Mittelalter der Weinbau, der die Stadt

Im Osten Thüringens, in einem weiten Tal am Mittellauf der Weißen Elster, liegt die alte Tuchmacherstadt Gera, von der noch 1945 bei einem Luftangriff ein Zehntel der Stadt zerstört worden ist. Restauriert wurde auch wieder das dreigeschossige Renaissance-Rathaus mit dem besonders reich verzierten Portal.

PSALMVS CXXVII
NISI DOMINVS
CVSTODIERIT
CIVITATEM
FRVSTRA
VIGILAT
QVI CVS
TODIT EAM
REX LEO IVSTITIAM GENEROSO CORDE TVETVR
SOLLICITO PERAGVNT ORDINE CVNCTA GRVES
AT CANIS OECONOMV DEMONSTRAT IMAGO FIDELE
ISTA MAGIS TRATV PROPRIA FACTA DECENT
HIS TIMOR ACCEDAT DOMINI QVI CVNCTA GVBERNET
SIC PIVS ET FOELIX TRADITA SCEPTRA GERET
AVSPICIIS CHRISTI PRVDENTIS ET AERE SENATVS
HAEC EST ARTIFICI CVRIA STRVCTA MANV
ANNO DOMINI M D LXXIII
HANC TV CONSILIIS DEVS AVXILIOQVE GVBERNA
TE SINE PAX NON EST TE SINE NVLLA SALVS

an der Saale berühmt machte, so ist es im 19. Jahrhundert die von Carl Zeiss eröffnete mechanische Werkstatt, die unter Mitwirkung von Ernst Abbe zur Weltfirma Carl Zeiss Jena wurde und sich vor allem bei optischen Geräten und mit Glas einen Namen machte. Unter anderem beliefert das Werk heute auch die sowjetische Weltraumindustrie.
Die Studenten und Industriearbeiter hatten Jena zur unruhigsten Stadt im Herrschaftsgebiet der SED werden lassen. Während des Volksaufstandes vom 17. Juni 1953 verbrüderten sich hier Arbeiter und Studenten. 1956, beim Ungarnaufstand, protestierten hier Wissenschaftler und Werktätige gemeinsam gegen das Eingreifen sowjetischer Truppen auf Flugblättern. Proteste gab es auch nach dem Einmarsch der Warschauer-Pakt-Truppen (einschließlich der DDR-Armee) in die ČSSR 1968 und gegen die Darstellung der Medien über die Selbstverbrennung des Pfarrers Oskar Brüsewitz 1976 auf dem Marktplatz in Zeitz. Hier waren die Oppositionsgruppen Anfang der achtziger Jahre so stark, daß sich die 1990 aufgelöste Staatssicherheit zu einem radikalen Schnitt entschloß: Die Verhaftung und die Verdrängung außer Landes der Aufmüpfigen. Der aufmüpfige Arbeiter Roland Jahn, der zuvor schon seine Studiumsberechtigung verloren hatte, wurde in das verschlossene Abteil eines D-Zuges gesetzt und so außer Landes befördert. Bis heute ist auch der Tod des Jenaers Matthias Domaschek ungeklärt. Er war in Jüteborg aus dem Zug geholt worden und verstarb in Stasi-Haft. So »bene« lebte es sich also in Jene unter SED-Herrschaft offenkundig doch nicht. Bis zur Öffnung der Grenzen war in Jena der Anteil der Ausreisewilligen besonders hoch und meldete sich auf unterschiedlichste vernehmliche Weise zu Wort.
In Jena besiegelten sie ihren Freundschaftsbund, in Weimar haben sie jahrlang gelebt und gewirkt, die Dichterfürsten Johann Wolfgang Goethe und Friedrich Schiller. Weimar, das ist die Stadt, in der Goethe und Schiller dem Besucher – zwei Millionen im Jahr waren es schon, bevor sich die Grenzen öffneten – sozusagen auf Schritt und Tritt begegnen. (In Jena hat einer sogar an sein Haus gemalt: »Hier wohnte Goethe nicht«.)
Weimar, die Stadt an der Ilm, urkundlich unter Kaiser Otto II. 975 erstmals erwähnt, der hier einen Fürstentag abhielt, war von 1547 bis 1918 die Residenz der Herzöge von Sachsen-Weimar und wurde 1920 Thüringens Hauptstadt. Hier wirkte von 1708 neun Jahre lang Johann Sebastian Bach als Hoforganist. Mit der Berufung Christoph Martin Wielands als Erzieher des späteren Herzogs Carl August begann die Klassik in Weimar. Im Weimarer Nationaltheater gab sich, wie auf einer Tafel am Eingang nachzulesen ist, »das deutsche Volk durch seine Nationalversammlung die Weimarer Verfassung am 11. August 1919«. Wesentliche Teile, vor allem die Grundrechte dieser Verfassung, sind in das Grundgesetz der Bundesrepublik Deutschland übergegangen.
»Sein Weimar liegt heute im sozialistischen Deutschland«, hatte Mitte März 1982 das damalige SED-Zentralorgan »Neues Deutschland«, das heute »Sozialistische Tageszeitung« heißt, in einem Beitrag über Goethe behauptet, der sich mit der letzten Zeile des »Faust« beschäftigte: »Auf freiem Grund mit freiem Volke stehen.« Goethe habe eine Zukunftsvision ausgesprochen, weil es ihm noch nicht möglich gewesen sei, die »befreite Menschheit deutlicher zu umreißen; sie liegt noch hinter dem Horizont und zeigt sich ihm nur als heller Schein.« Da konnte man ahnen, was folgte: »Schon 15 Jahre später nach Goethes Tod formulierten Marx und Engels das kommunistische Manifest.« Heute sind solche Sätze Makulatur. Die Deutschen in der DDR haben eindrucksvoll nachgewiesen, was sie unter »auf freiem Grund mit freiem Volke stehen« verstehen.
»Gott sei Dank, hier in Weimar atme ich auf! Ich spüre in der Luft etwas, das mich eine literarische, kunstsinnige Stadt ahnen läßt! Ihr Anblick entspricht vollkommen der Vorstellung, die ich mir gemacht hatte: Sie ist ruhig, hell, luftig, hat etwas Friedliches, Träumerisches; eine reizende Umgebung, schöne Gewässer, schattige Hügel, liebliche Täler.« Diese Sätze schrieb Hector Berlioz an Franz Liszt. Sie treffen nach dem Ende von 40 Jahren SED-Herrschaft immer noch zu, trotz der Vielzahl von Touristen.
Am 7. November 1775 kam Goethe auf Einladung des Herzogs nach Weimar und blieb 47 Jahre bis zu seinem Tode. Das »Dichterviergestirn« Goethe, Schiller, Wieland und Johann Gottfried Herder, der auf Goethes Veranlassung als Hofprediger an der Stadtkirche (die dreischiffige spätgotische Hallenkirche, um 1500 erbaut, heißt heute Herderkirche) Pfarrer war, machte Weimar zum Ausgangspunkt für die kulturelle Einigung der deutschen Lande. In dem nach Goethes Plänen gestalteten Park an der Ilm steht das Gartenhaus des Dichters, das ihm sechs Jahre zunächst als Wohnung diente, bis der Herzog seinem Minister das Haus am Frauenplan schenkte. Das Goethehaus, nach seinen Vorstellungen klassizistisch umgebaut, verfügt über repräsentative Wohn- und Gesellschaftsräume und beherbergt heute Teile seiner naturwissenschaftlichen und Kunstsammlungen und die 5400 Bände umfassende Bibliothek des Dichters. Im Schillerhaus am Rande der ehemaligen Altstadt, das der Professor und Hofrat Friedrich Schiller für seine kurz darauf sechsköpfige Familie 1802 zum Preis von 4200 Talern kaufte, ist »hier in den oberen Räu-

Blick auf die alte Universitäts- und Industriestadt Jena im Abendlicht, in einem Talkessel an der mittleren Saale gelegen. Im 18. Jahrhundert war Jena ein geistiges Zentrum Deutschlands, als hier Goethe, Schiller, die Brüder Schlegel, Tieck, Fichte, Schelling und Hegel wirkten. Weltbekannt sind heute noch die Industrieprodukte von Carl Zeiss und der Jenaer Glaswerke Schott und Jenapharm.

Ein Zimmer im Museum der Schiller-Gedenkstätte in Jena, Schillergäßchen 2. Schiller lebte von 1789 bis 1799 in Jena, seine Büste stammt von Johann Heinrich Dannecker.

Vier Kilometer östlich der alten Residenzstadt der Herzöge von Sachsen-Weimar steht das zwischen 1724 und 1732 erbaute Rokokoschloß Belvedere inmitten eines großen Schloßparks, der Ende des 18. Jahrhunderts als englischer Garten umgestaltet wurde.

Das Juno-Zimmer im Goethehaus in Weimar, wo der Dichter von 1782 bis 1832 wohnte und das er sich innenarchitektonisch nach seinen Vorstellungen umgestalten ließ.

Am Platz der Demokratie in Weimar steht die Landesbibliothek (früher Grünes Schloß) mit der reichdekorierten Rokoko-Bibliothek.

men noch alles so, wie er es gern selbst um sich haben mochte«, sagt der Museumsführer. Hier hat er den Wilhelm Tell geschrieben, der dann am Hoftheater unter dem Intendanten Goethe uraufgeführt wurde. Beim Gang durch Weimar sollte man das Wittumspalais, den ehemaligen Witwensitz der Herzogin Anna Amalia, das Krims-Krachow-Haus mit seinem Hof und Blumengärten voll mit Erinnerungsstücken der Klassik, nicht vergessen. Einen Besuch lohnen ferner das Liszt-Haus, das Lucas-Cranach-Haus am Markt und das Hotel »Elephant«, in dem laut Stadtführer »fast alle Fremden abstiegen, die Weimar besuchten und Goethe kennenlernen wollten«.

Auf dem 478 Meter hohen Ettersberg richteten die Nationalsozialisten ein Konzentrationslager ein, in dem bis 1945 mindestens 56000 Menschen zu Tode kamen oder ermordet wurden. Sie nannten es Buchenwald, weil der zunächst vorgesehene Name »Ettersberg mit dem Leben des Dichters Goethe im Zusammenhang steht«, wie der Führer der SS-Totenkopfverbände Theodor Eicke an den Reichsführer-SS Heinrich Himmler am 24. Juli 1937 schrieb. Die Deutschen sollten es nicht vergessen: Die Türme der Stadt der Dichter und Denker, des klassischen Weimar, schauen auf Buchenwald.

Die größte Stadt Thüringens mit 215000 Einwohnern ist die »Blumenstadt« Erfurt im Tal der Gera. In der Stadt, die im Mittelalter vom Waidhandel (Blauer Farbstoff) lebte, gibt es zu Zeiten der SED-Herrschaft fast nie Blumen, jedenfalls so wenig, daß ein Erfurt-Führer ironisch einem Bräutigam den Rat gab, statt Schnittblumen die immer erhältlichen Kakteen als Brautstrauß zu überreichen, »originell und eine hübsche Erinnerung an die schöne Zeit der jungen Liebe«.

Erfurts ältestes Profanbauwerk, die berühmte mit Fachwerkhäusern überbaute Krämerbrücke (1325 aus Stein errichtet), weist darauf hin, daß die Furt über die Gera zur Entwicklung der Stadt wesentlich beigetragen hat (erste Brücke an dieser Stelle vermutlich schon im 11. Jahrhundert). Früher boten die »Krämer« in den heute 32 Brückenhäusern ihre Waren feil; heute sind es vor allem Künstler wie Maler, Drechsler, Grafiker oder Bildhauer, die ihre Werke dort ausstellen und verkaufen. Die am Osteingang stehende gotische Ägidienkirche ist eine der beiden Kirchen, die früher die Tore zur Brücke bildeten. Die Brücke verbindet den ältesten Platz der Stadt, den Fischmarkt, auf dem das neugotische Rathaus und die Bürgerhäuser aus der Renaissance »Zum Breiten Herd« (1584) und »Zum roten Ochsen« (1562) stehen, mit dem Wenigemarkt (= kleiner Markt), mit Häusern aus der Mitte des vergangenen Jahrhunderts. Wahrzeichen Erfurts sind der mächtige gotische Dom und die Severi-Kirche am Domplatz, »eine der gewaltigsten Bauschöpfungen des Mittelalters auf deutschem Boden« (Erfurt-Führer). 70 Stufen führt die Freitreppe »die Gerade« zum Domeingang hinauf. Von der dreischiffigen Basilika aus dem 12. Jahrhundert sind noch mehrere Geschosse am Süd- und am Nordturm und am Chorumbau erhalten. Der Chor, um 1370 fertiggestellt, ist ein Meisterwerk deutscher hochgotischer Architektur. Die drei spätgotischen Kirchenschiffe des Langhauses überdeckt ein riesiges Walmdach. Vermutlich an der Stelle eines alten Benediktiner-Nonnenklosters steht neben dem Dom die im 14. Jahrhundert errichtete Severi-Kirche mit ihren drei Türmen, frühes Beispiel gotischer Hallenkirchen, mit einem prachtvollen Radfenster. Erfurts Wappen ist das Mainzer Rad, gehörte die Stadt doch im Mittelalter zum Mainzer Kurfürstentum. Bereits 755 wurde das Erfurter Bistum mit dem Mainzer vereinigt; die Rechte der Mainzer Kurfürsten blieben mit mehr oder weniger Einfluß bis ins Jahr 1802 erhalten.

Erfurt ist eine Stadt, die den Besucher so recht in die deutsche Geschichte führt. Da ist etwa das Augustinerkloster, das seit 1277 von Eremiten-Mönchen errichtet wurde, und in dem der damalige Mönch Martin Luther entscheidende Jahre seines Lebens verbrachte. Da sind die zahlreichen Kirchen der Stadt wie die gotische Pfeilerbasilika der Predigerkirche, der schlichte Kirchenbau zum Heiligen Brunnen (1235 erbaut), die Barfüßerkirche nebenan, die Bürgerhäuser »Schwarze Krone«, »Hohe Lilie«, »Alter Schwan«, »Zum Stockfisch«, »Zum Grünen Sittich« und »Gekrönten Hecht« oder das »Dachrödernsche Haus« und schließlich die »Arche« am ehemaligen Universitätsgebäude.

In Erfurt trafen 1970 (19. 3.) zum ersten Mal der Kanzler der Bundesrepublik Deutschland und der DDR-Ministerpräsident zusammen, Willy Brandt und Willi Stoph. Die »Willy, Willy!«-Rufe der Bevölkerung, die Willy Brandt galten, haben die Mächtigen so erschreckt, daß Helmut Schmidt bei seinem Besuch als Bundeskanzler nicht mit der Bevölkerung der Stadt Güstrow zusammentreffen konnte (1981), sondern erst im Februar 1990 bei einer Wahlkampfveranstaltung der neugegründeten SPD in der DDR in Güstrow. Bundeskanzler Helmut Kohl traf schon im Dezember 1989 in Dresden mit DDR-Ministerpräsident Hans Modrow zusammen.

Die erste Urkunde von der Existenz der 58000-Einwohner-Stadt Gotha stammt aus dem Jahre 775 mit der Unterschrift Karls des Großen. »Villa Gothaha« wird sie da genannt. Mitte des 12. Jahrhunderts entstand die rechtwinklige Altstadt mit dem Hauptmarkt, eine typische Städtegründung in Thüringen. 1369 sollte der kunstvoll angelegte Leinakanal die Wassernot in der Stadt beseitigen.

Blick auf die »Turmreiche«, die Stadt Erfurt an der Gera im südlichen Thüringer Becken mit der einheitlichen Baugruppe des Erfurter Doms und der St. Severi-Kirche, die man über eine breite Freitreppe, die »Gerade«, vom Domplatz aus erreicht. Der Dom erhielt erst zwischen 1849 und 1854 seine heutige Gestalt, der Bau der fünfschiffigen frühgotischen St. Severi-Kirche wurde mit dem Gewölbe Ende des 15. Jahrhunderts abgeschlossen.

Im 15. und 16. Jahrhundert brachte der Anbau und Handel mit Waid (Pflanze, die blauen Farbstoff liefert) eine wirtschaftliche Blüte.
Nach dem Dreißigjährigen Krieg, der Gotha in Mitleidenschaft zog, bauten die Herrscher des Reichsfürstentums Sachsen-Gotha die Stadt zu ihrer Residenz aus. Von 1643 bis 1656 entstand mit dem Schloß Friedrichstein, das heute das Stadtbild beherrscht, das erste thüringische Barockschloß. Zwischen 1708 und 1711 wurde am Fuße des Schloßberges Schloß Friedrichsthal errichtet. Im 18. Jahrhundert wurde Gotha ein Zentrum der Kartographie und Geographie; bekannt wurden die Verlage Haack und Justus Perthes, die vor allem Atlanten und Landkarten druckten. In Schloß Friedrichstein befindet sich das 1683 errichtete Theater mit der alten Bühnentechnik, in dem noch heute Konzerte stattfinden. Der »Vater der Schauspielkunst«, Hans Conrad Ekhof (1720–1728) gründete das erste Theater mit angestellten Künstlern. Im Schloß sind deutsche und niederländische Maler zu bewundern (Hausbuchmeister, Rubens, Cranach, van Dyck, Hals) ein Kupferstichkabinett mit 30000 Bänden, eine Münzsammlung mit 100000 Münzen und eine Bibliothek mit 500000 Bänden. Auch das nach der Stadt benannte Hauptbuch des europäischen Adels, der »Gotha«, wurde in dieser Stadt gedruckt.
Den Zahn der Zeit des real-existierenden Sozialismus in der DDR haben praktisch nur der langgestreckte Hauptmarkt (mit dem Renaissance-Rathaus) und der Neumarkt überlebt. Die Häuser in den Seitenstraßen wurden schon zu Beginn der achtziger Jahre abgerissen und durch Kästchenbauten in Großplattenbauweise ersetzt. Gotha ist Ausgangspunkt der Thüringerwaldbahn, einer Straßenbahn, die vom Bahnhof um die Innenstadt herumfährt und die Fahrgäste in die beliebten Touristenzentren des Thüringer Waldes, nach Waltershausen, Friedrichroda und Tabarz am Fuße des Inselsberges befördert. An der Strecke nach Friedrichroda liegt die Marienglashöhle mit den seltenen durchscheinenden Kristallen an den Wänden (»Marienglas«). Die Höhle wurde 1784 beim Gipsabbau entdeckt.
Als »Isinacha« gründeten um 1150 die Ludowinger am westlichen Rand des Thüringer Waldes das heutige Eisenach. Die Geschicke der Stadt sind eng mit der nahen Wartburg verbunden, die Ende des 11. Jahrhunderts gegründet wurde und ihre Blütezeit hundert Jahre später, unter den thüringischen Landgrafen Ludwig III. und Hermann I. erlebte. Um den Jahrhundertwechsel zum 13. Jahrhundert wurde sie eine der prächtigsten deutschen Burgen. Die Minnesänger waren hier oft zu Gast. Hier soll der sagenumwobene »Wartburgkrieg«, der Wettstreit der Minnesänger, an dem Walther von der Vogelweide und Wolfram von Eschenbach teilgenommen haben. So genießt Hermann I. den Ruf eines Förderers der Künste, während seine Schwiegertochter Elisabeth sich vom höfischen Leben abwandte und ganz den Armen und Kranken widmete. Das »Land der heiligen Elisabeth« wird Thüringen auch genannt. 1521 zieht ein gewisser »Junker Jörg« auf die Burg, einer der vom Reichstag in Worms für vogelfrei erklärt worden war, der Reformator Martin Luther. In 300 Tagen übersetzte er hier das Neue Testament aus dem Griechischen ins Deutsche und hat dabei »den Leuten aufs Maul geschaut«. (Das Lutherzimmer ist fast unverändert erhalten.) Auf der Wartburg trafen sich 1817 die deutschen Burschenschaften, Abgesandte von zwölf deutschen Universitäten, und bekannten sich zu deutscher Einheit und Freiheit, zwei Jahre nach den für sie enttäuschenden Ergebnissen des Wiener Kongresses.
Auf der rekonstruierten Wartburg feierten 1983 Staat und Kirche in der DDR in zwei getrennten Veranstaltungen den 500. Geburtstag des Reformators – im Palas, der zwischen 1190 und 1250 errichtet wurde und der älteste Teil der Burg ist. Die Stadt, die heute 50000 Einwohner hat und die meist im Schatten der Burg lag, sollte unter dem Herzog Ernst August von Weimar zweite Residenz werden. Das Stadtschloß aus dem frühen 18. Jahrhundert wurde abgebrochen und im Stil des höfischen Barocks neuerbaut. Die Stadt, in der Johann Sebastian Bach geboren wurde, Martin Luther zur Schule ging und der mecklenburgische Dichter Fritz Reuter seine letzten Lebenstage verbrachte, hat viele berühmte Persönlichkeiten in ihren Mauern gesehen. Jährlich kommen etwa zwei Millionen Touristen. Neben der Wartburg sind Lutherhaus, Bachhaus, Reuterhaus, etliche Bürgerhäuser in der Karlstraße und der Rathausplatz Anziehungspunkte. Der in den achtziger Jahren begonnene »Flächenabriß« hat für das Stadtbild verheerende Folgen; nach der friedlichen Revolution versuchte eine Bürgerinitiative 1990 das Schlimmste zu verhüten. Neben Leipzig ist Eisenach die zweite Keimzelle der SPD, hier gründeten August Bebel und Wilhelm Liebknecht 1869 die Sozialdemokratische Arbeiterpartei, »die Eisenacher«, die sich mit den Lassalleanern 1875 in Gotha vereinigten. Die thüringische SPD legte Anfang 1990 ihren Wiedergründungsparteitag nach Gotha, nachdem in dem kleinen Örtchen Schwante im Kreis Oranienburg, nordwestlich Berlins, am Gründungstag der DDR, am 7. Oktober 1989, die SPD neubegründet worden war.
Wichtigster Industriezweig Eisenachs ist die Fahrzeugindustrie: das ehemalige BMW-Zweigwerk stellt das bisher in der DDR beliebteste Auto, den »Wartburg«, her, seit Herbst 1988 als Viertakter.

Arnstadt, urkundlich »die älteste Stadt der DDR« (um 704) gilt als das »Eingangstor zum Thüringer Wald«. Hier machte die Familie Bach über mehrere Generationen hinweg deutsche Musikgeschichte. Im Bild der Markt mit Marktbrunnen von Arnstadt.

Im Arnstadter Schloßmuseum kann man die »Puppenstadt Monplaisir« mit 400 Wachsfiguren-Puppen aus der Zeit um 1690 bis 1750 besuchen.

Bäckerei und Konditorei Friedrich Nagel

Das Bach-Haus am Frauenplan 21 in Eisenach ist das Geburtshaus von Johann Sebastian Bach (heute Museum mit Bach-Sammlungen und historischen Musikinstrumenten).

In einem der ältesten und schönsten Bürgerhäuser der Wartburg-Stadt Eisenach, im sogenannten Cottaschen Haus, ist das Lutherhaus als Museum untergebracht. Das Haus aus dem 15. Jahrhundert wurde originalgetreu wieder aufgebaut.

Blick auf die Wartburg bei Eisenach, mit der herausragende Ereignisse in der deutschen Geschichte verbunden sind.

Nicht nur für Skatspieler lohnt das über tausendjährige Altenburg den Besuch. Von der mittelalterlichen Burg sind die »Flasche«, ein Mantelturm, und der Hausmannsturm noch erhalten. Neben dem Eingang zum Schloß steht auf hohen Stützbogen die 1413 geweihte spätgotische Schloßkirche, die in den Jahren von 1645 bis 1649 im Stil des Barocks erneuert wurde. Das Renaissance-Rathaus (1562–1564) mit den drei Portalen und die »Roten Spitzen«, eine romanische Doppelturmfassade als Rest des 1172 errichteten Bergerklosters, sind sehenswert.

In Altenburg stand nicht nur die Wiege des Skatspiels; seit 400 Jahren werden hier Spielkarten hergestellt. Im Altenburger Spielkartenmuseum sind Kartenspiele aus sechs Jahrhunderten zu sehen, die ersten auf Leder, Pergament oder handgemaltem Papier. Eine in Seide bestickte Karte aus der Barockzeit warnt vor Falschspielern: »Spiele ja nicht in der Frembde, Sonst verlierstu Rock und Hembde, Leib und Seele, Haab und Guth, Mercke diß, du junges Bluth.« Eine Kartenmacherwerkstatt, fast vierhundert Jahre alt, steht auch im Museum. Auf dem ersten Skatkongreß in Altenburg 1886 wurde eine »Allgemeine Deutsche Skatordnung« angenommen. Der »Deutsche Skatkongreß« im Jahre 1927 schuf eine neue Skatordnung (der »Grand« zählt seitdem 24 statt 20) und richtete ein Skatgericht ein, das auch heutzutage in der Altenburger Gaststätte »Grand« jeden Mittwoch tagt und Streitfragen von Skatfreunden aus aller Welt schlichtet.

Die nördlichste Stadt Thüringens ist Nordhausen, eine alte Reichsstadt im Harzvorland, unter König Heinrich (dem Vogler) 927 erstmals erwähnt. Wahrzeichen der Stadt sind die schlanken romanischen Türme des Doms zum Heiligen Kreuz und die spätgotische Pfarrkirche St. Blasii mit ihren beiden achteckigen Türmen. Einige mittelalterliche Fachwerkhäuser überlebten die Zerstörung durch Bombenangriffe im Zweiten Weltkrieg. Das Rathaus, erbaut von 1608 bis 1610 als großzügiger Renaissancebau, wurde originalgetreu wiederaufgebaut.

Die ehemalige Reichsstadt und Hansestadt Mühlhausen an der Unstrut, als fränkischer Wirtschaftshof »Molinhuso« erstmals erwähnt, ist ein wichtiges Zentrum im Norden Thüringens. 400 Jahre lang war es häufige Residenz deutscher Kaiser und Könige. Wahrzeichen der Stadt ist die zwischen 1317 und 1327 erbaute Marienkirche in der Neustadt, eine gotische Hallenkirche, die größte in Thüringen nach dem Erfurter Dom. Die Kirche Divi Blasii in der Altstadt, eine gotische Hallenkirche mit Teilen einer romanischen Basilika, gehörte dem Deutschen Ritterorden. Der Stein- und Fachwerkbau des Rathauses mit verschiedenen Stilepochen und zahlreiche Patrizier- und Handwerkerhäuser stehen unter Denkmalschutz. Imposant ist die mittelalterliche Stadtbefestigung rund um die Altstadt mit dem Frauentor und dem Görmaner Tor. Vor diesem Tor wurde 1525 der Führer der aufständischen Bauern, der Prediger Thomas Müntzer, hingerichtet. Die Stadt trägt heute in Erinnerung an den Revolutionär der Bauernkriege den Beinamen »Thomas-Müntzer-Stadt«.

Heiligenstadt mit seinen 16000 Einwohnern ist die am weitesten westlich gelegene Kreisstadt Thüringens. Die 960 in ein Augustiner-Chorherrenstift umgewandelte Stiftskirche St. Martin (heute eine gotische Basilika) bot einer fränkischen Kaufmannssiedlung Schutz. 1227 erhielt Heiligenstadt Stadtrecht. Die Stadt mit dem sie umgebenden Eichsfeld ist heute das Zentrum der Katholiken in der DDR; von ihnen leben die meisten hier, gehörte Heiligenstadt doch über lange Jahre zum Erzbistum Mainz. Das Jesuitenkolleg (1739), in dem heute das Heimatmuseum untergebracht ist, war ein Zentrum der Gegenreformation, in deren Verlauf die Menschen des Eichsfeldes wieder katholisch wurden.

»Das Juwel im Elstertal«, das »Schmuckstück am Gestade der Weißen Elster«, nennt der in Ost-Berlin lebende Schriftsteller Hansgeorg Stengel seine Heimatstadt Greiz im Osten Thüringens, ein paar Kilometer südlich der »Via regia« gelegen. Naturgegebener Mittelpunkt der ehemaligen Residenzstadt (Reuß jüngere Linie) ist der steil aufragende Kegelfelsen, auf dem das älteste Bauwerk der Stadt, das Schloß, steht. Um den Schloßberg herum zieht sich die Altstadt mit ihren engen und winkligen Gassen. Greiz mit seinen 35000 Einwohnern hat einen im englischen Stil angelegten Park mit einem See in Eichenblattform, ein Sommerpalais, das die größte Schabkunstsammlung Europas und ein Karikaturenmuseum beherbergt, und einen Röhrenbrunnen, wie es solche nur selten gibt. Die Greizer sind davon überzeugt, daß sie am besten Thüringische Klöße kochen können. Das in der Textilstadt gewebte Tuch, so lautet ein überkommener Spruch, »hält, bis es der Enkel erbt«. Aus Greiz ist ein Stoßgebet aus Zeiten früherer Duodezfürstentümer überliefert: »O Herr, gib Regen und Sonnenschein für Greiz, Schleiz und Lobenstein! Und wollen die anderen auch was han, dann mögen sie Dir's selber san.«

Das dreißig Kilometer westlich gelegene Schleiz ist vor allem wegen zweier Persönlichkeiten bekannt. Zum einen wurde hier der Erfinder des Meißner Porzellans Friedrich Böttger (1682 bis 1719) geboren, und Konrad Duden wirkte hier von 1869 an sieben Jahre als Direktor des Gymnasiums. Nördlich der Stadt liegt die Schleizer Seenplatte mit 1600 Teichen und vielen Bademöglichkeiten.

Mühlhausen, ab 1180 Reichsstadt, erlebte als Hansestadt im 14./15. Jahrhundert eine Blütezeit und wurde 1524/25 als Wirkungsstätte von Thomas Müntzer berühmt; noch heute hat es wie hier in der Rathausstraße in seiner intakten Altstadt besonders viele Fachwerk- und Werkstein-Bürgerhäuser aus dem 16. bis 18. Jahrhundert aufzuweisen.

In der benachbarten alten Reichsstadt Nordhausen (1220–1802), die auf eine fast tausendjährige Geschichte zurückblickt, sind noch heute Straßen mit mittelalterlichem Gepräge zu beobachten.

Im Schiefergebirge des Thüringer Waldes liegt Lobenstein, ein von sieben Hügeln umgebenes Moorbad in waldreicher Umgebung. Die Burg Lobenstein war bis 1601 Residenz der Herren von Reuß.
Kaiser Friedrich Barbarossa hat Saalfeld um 1190 gegründet. Dort, wo heute das Schloß steht, stand schon 839 ein karolingischer Königshof. »Steinerne Chronik Thüringens« wird die Stadt wegen ihrer vielen historischen Bauten (Fachwerkhäuser in der Altstadt, spätgotisches Rathaus, Burgruine aus dem 14. Jahrhundert, Stadtkirche St. Johannis, früheres Franziskanerkloster) und seiner Stadtmauer mit den vier Toren genannt. Die »Feengrotten« im Saalfelder Stadtteil Garnsdorf sind im ehemaligen Alaunschieferbergwerk »Jeremiasglück« entstanden.
Friedrich Schiller, der einen ganzen Sommer sich in der Stadt aufhielt (1788), schrieb über Rudolstadt: »Die Gegend um Rudolstadt ist außerordentlich schön. Ich hatte nie davon gehört und bin sehr überrascht worden.« Dann schwärmt er vom »Schlosse auf dem Berge«, der Heidecksburg, dem barocken Wahrzeichen der Stadt mit Rokoko-Ausstattung der Säle. Im Heinrich-Heine-Park steht ein Freilichtmuseum Thüringer Bauernhäuser.
In Rudolstadt begegneten sich Schiller und Goethe zum ersten Mal. Schiller heiratete 1790 die Rudolstädterin Charlotte von Lengefeld. Im Umfeld Rudolstadts liegen Schloß Kochberg (das Wasserschloß der Frau von Stein), Schloß Hirschhügel, Burg Schattenforst, Schloß Weißenburg, Burg Ehrenstein und die Burgruine Paulinzella.
Über die »Untere Brücke« im Stadtteil Oberlind von Sonneberg führt seit dem Mittelalter die Handelsstraße Nürnberg–Leipzig. Die Spielwarenindustrie begann bereits im 16. Jahrhundert und machte die Stadt im Süden Thüringens zur »Spielzeugstadt«. Die hier hergestellten Puppen, seit 1840 mit Köpfen aus Porzellan, und Spielzeuge (Sonneberger Reiterlin) erlangten Weltruf.
Arnstadts Einwohner lachten, wenn die offizielle SED-Propaganda vergangener Zeiten ihre Stadt zur »ältesten Stadt der DDR« machte. »Wie alt ist die DDR?«, fragten sie schelmisch zurück. Vor 1286 Jahren, im Jahre 704, wurde »Arnestati« erstmals erwähnt. Es gehörte ursprünglich zum Besitz des Klosters Hersfeld und hat seit dem 13. Jahrhundert Stadtrecht. Wahrzeichen der Stadt ist der 65 Meter hohe Turm des ehemaligen Residenzschlosses der Fürsten von Schwarzburg (heute Stadtteil von Rudolstadt), die über Arnstadt von Beginn des 14. Jahrhunderts bis 1920 herrschten. Die Arnstädter Liebfrauenkirche ist der bedeutendste Kirchenbau (1180–1330) in Thüringen aus der Übergangszeit von der Romanik zur Gotik. Ein Geheimtip ist die mehr als 2000 Bände zählende Bibliothek in der Oberkirche mit einer lateinischen Bibelübersetzung auf Pergament. Das Renaissance-Rathaus wurde nach niederländischem Vorbild geschaffen. Im Neuen Palais befindet sich die vielbesuchte Puppenstadt »Mon Plaisir« mit über 400 Puppen aus der Barockzeit. Mit Bach taten sich die Arnstädter schwer; sie waren verärgert, als der Organist von einer Reise nach Lübeck verspätet zurückkam, verhörten ihn, bis dieser sich in Mühlhausen bewarb. In Arnstadt geboren und gestorben ist Eugenie John, besser bekannt als die Verfasserin rührseliger Trivialromane unter dem Namen Marlitt. In den letzten Tagen des Zweiten Weltkrieges sollte im Muschelkalk des nahen Jonastales noch der Ersatz für das Führerhauptquartier gebaut werden, doch der Krieg ging schneller zu Ende als die Baupläne verwirklicht werden konnten.
Ilmenau wurde 1444 als Stadt bei einer Burg angelegt. Kupfererz und Silber fand man damals dort. 1675 wurde Glas hergestellt, von 1777 an Porzellan. Der Weimarer Minister Goethe kümmerte sich besonders um den wirtschaftlichen Aufstieg der Stadt. Auf dem Berg Kickelhahn schrieb der Dichter »Wanderers Nachtlied«: »Über allen Gipfeln ist Ruh…«.
Thüringische Trachten und Kunsthandwerk sind im Heimatmuseum von Eisfeld zu besichtigen (Stadtrecht hat der Ort seit dem 12. Jahrhundert). Der Mühlgraben war die Energiequelle für die wirtschaftliche Entwicklung.
In der Kreisstadt Hildburghausen ist das Rathaus eine umgebaute Wasserburg. In dieser Stadt wurden die Erstausgaben von Meyers »Conversations-Lexikon« gedruckt, bevor das Bibliographische Institut nach Leipzig umsiedelte. Die zwischen 1828 und 1874 herausgegebenen Werke des Instituts befinden sich im Heimatmuseum.
Die Bertoldsburg ist das Wahrzeichen von Schleusingen, das 1232 erstmals als »villa slusungen« genannt wird. Die Burg, ein von vier Türmen flankierter Renaissancebau mit prächtigen Portalen war bis 1583 Residenz der Fürstgrafen von Henneberg, wurde dann sächsisch und 1815 preußische Kreisstadt. Der Kreissitz kam 1929 nach Suhl; der Kreis Suhl 1946 zu Thüringen.
In Suhl, Bezirksstadt seit 1952, ist seit über 400 Jahren die Waffenschmiede ansässig. Daran erinnert der 1903 errichtete Marktbrunnen. Im Heimatmuseum, im einstigen Malzhaus, gibt es eine umfangreiche Sammlung der Suhler Waffenproduktion. Heute werden die Waffen vor allem für den Export in westliche Länder gefertigt – eine geschätzte Devisenquelle für die DDR. Durch die Ernennung zur Bezirksstadt (Verwaltungszentrum) ist die Einwohnerzahl stark gestiegen, beispielsweise um fast 20000 Einwohner seit 1975 auf heute 55000.

Blick durch das Portal des Renaissance-Schlosses Wilhelmsburg auf die Georgenkirche der geschichtsträchtigen Stadt Schmalkalden, wo sich 1531 die protestantischen Fürsten zum Schmalkaldischen Bund gegen den katholischen Kaiser vereint haben. Auch die hier unterzeichneten Schmalkaldischen Artikel von 1537, von Luther ausgearbeitet, richteten sich gegen Kaiser Karl V.; der Bund zerfiel dann im Schmalkaldischen Krieg im Jahre 1547 als Folge der Interessengegensätze zwischen Städten und Fürsten.

Das »Schlundhaus« ist eines von vielen Fachwerk- und Werkstein-Bürgerhäusern in der Altstadt von Meiningen.

Im Hof von Schloß Elisabethenburg in Meiningen, das sich aus einem Königsgut (982 genannt) später unter dem Schutz der Würzburger Bischöfe zur Stadt und späteren Residenz der Herzöge von Sachsen-Meiningen entwickelte. Zwischen 1682 und 1692 hat S. Rust für diese Herzöge das dreiflügelige Schloß Elisabethenburg erbaut.

Stadtbrunnen und spätbarocke Kreuzkirche, zwischen 1731 und 1739 erbaut, in der Bezirkshauptstadt Suhl, die am Südabhang des Thüringer Waldes, an der Lauter liegt.

Ein Waffenmuseum, eine historische Büchsenmacher-Werkstatt, eine Gewehrlauf-Schmiede und das Waffenschmied-Denkmal erinnern in Suhl an die seit 1553 dort bestehende Tradition der Waffenherstellung.

»Smalacata« heißt die erste urkundliche Erwähnung Schmalkaldens. 1227 zog Ludwig der Heilige »aus seiner Stadt Schmalkalden« in den 5. Kreuzzug. Nachdem die Thüringer Landgrafen ausgestorben waren, wechselte Schmalkalden mehrfach den Besitzer und wurde 1360 zur Hälfte, ab 1583 vollständig hessisch und blieb es bis 1944. In der Reformation schlossen sich die protestantischen Fürsten und Städte zum Schmalkaldischen Bund zusammen, der 1547 von Kaiser Karl V. bei Mühlhausen besiegt wurde. Vollständig erhalten sind der doppelte Mauerring und das historische Stadtbild. Das Renaissanceschloß Wilhelmsburg (1585–90 erbaut) beherbergt eines der berühmtesten Museen Thüringens. Das Schaubergwerk »Finstertal« wird vom Museum verwaltet.

Kunst und Theater verliehen der über tausend Jahre alten Residenzstadt Meiningen im Werratal Weltruf. »Dem Volk zur Freude und Erhebung« steht an der Stirnseite des Theaterbaus aus dem Jahre 1909. Der kunstsinnige Herzog von Sachsen-Meiningen, Georg II. mit dem wallenden weißen Bart, verheiratet in dritter Ehe mit der Schauspielerin Ellen Frenz, die er zur Freifrau von Heldburg erhob, arbeitete am Theater sozusagen als eigener Hoftheaterindendant und aktiver Regisseur. Daraus ist das entstanden, was der Dichter Wilhelm Raabe so beschrieb: »Meiningen ist bekannt durch die Meininger.« Die Meininger, das war eine Schauspieltruppe, die unter Georgs Leitung Theatergeschichte schrieb: Das Wort des Dichters galt als unantastbar, als sein Vermächtnis. Jedes Gewand, jedes Möbelstück, jedes Szenenbild hatte den historischen Vorlagen zu entsprechen.

So schwitzten in Shakespeares Julius Caesar die Römer unter der Wucht des echten Toga-Faltenwurfs. Das Meininger Theater machte auch unter der SED-Herrschaft von sich reden. 1989 spielte es das Stück des DDR-Schriftstellers Landolf Scherzer »Der Erste«, das einen SED-Funktionär aus dem richtigen Leben und nicht wie ihn die Propaganda bisher zeigte, beschrieb. Das Schloß Elisabetenburg beherbergt ein Theatermuseum, in dem die Zeiten der Meininger nacherlebt und nachgelesen werden können, vor allem die Zeit der Gastspiele von 1874 bis zum 1. Juli 1890. An diesem Tag brach beim Gastspiel in Odessa der nominelle Theaterintendant Ludwig Chronegk zusammen, der Freund des Herzogs. Georg kommentierte das Ende der Meininger-Reisen mit den Worten: »Was die deutschen Theater lernen sollten, das haben sie gelernt.«

Die liebliche Thüringer Landschaft bietet alles, Wanderungen über den Rennsteig, Ausblicke über das Mittelgebirge etwa von den Burgen der Drei Gleichen, rauschende Wasserfälle wie den Trusethaler Wasserfall oder Grotten hier und dort. Wer ermüdet am Abend eines langen Tages in sein Bett sinkt, der wird in das bekannte Volkslied einstimmen: »Thüringer Wald, wie bist du schön.«

Rund zwölf Kilometer nördlich von Hildburghausen, im Süden des Thüringer Waldes, liegt Schleusingen mit Schloß Bertholdsburg, einer überwiegend im 16. Jahrhundert entstandenen Bauanlage im Renaissancestil.

Einer der Trusethaler Wasserfälle am Südabhang des Thüringer Waldes.

Eisfelds Altstadt ist noch stark mittelalterlich geprägt. Die Stadt war einst ein wichtiger Marktort an der Handelsstraße Nürnberg-Erfurt. Im Bild alte Häuser am Eisfelder Mühlengraben.

Etwa 15 Kilometer östlich von Hildburghausen liegt an der Werra die Stadt Eisfeld, ein Mittelpunkt der thüringischen Puppen- und Spielwarenherstellung.

Absolutes Zentrum der thüringischen Spielzeugindustrie ist das im südlichen Zipfel der DDR an der Grenze zu Bayern gelegene Sonneberg. Im Bild die alte Unterbrücke in Sonneberg.

Puppenherstellung in Handarbeit, neben Stofftieren und mechanischen Spielwaren der Hauptanteil der Spielzeugindustrie in Sonneberg.

Register

Die halbfett gedruckten Zahlen verweisen auf Seiten mit Abbildungen